走近中国·学者文库 | 丛书主编 钱林森

牡丹之辉

如何理解中国

L'Éclat de la pivoine

Comment entendre la Chine

Rémi Mathieu

［法］雷米·马修 —— 著

许玉婷 钱林森 —— 译

中央编译出版社
Central Compilation & Translation Press

图书在版编目 (CIP) 数据

牡丹之辉：如何理解中国 /（法）雷米 · 马修著；许玉婷，钱林森译 . —北京：中央编译出版社，2023.11

ISBN 978-7-5117-4231-5

Ⅰ. ①牡… Ⅱ. ①雷… ②许… ③钱… Ⅲ. ①中华文化 Ⅳ. ① K203

中国版本图书馆 CIP 数据核字 (2022) 第 138929 号

著作权合同登记号：01-2023-4979

牡丹之辉：如何理解中国

出版统筹	张远航
特约策划	贾宇琰
责任编辑	郑永杰　翟　桐
责任印制	李　颖
出版发行	中央编译出版社
网　　址	www.cctpcm.com
地　　址	北京市海淀区北四环西路 69 号 (100080)
电　　话	(010) 55627391（总编室）　(010) 55627312（编辑室） (010) 55627320（发行）　(010) 55627377（网站）
经　　销	全国新华书店
印　　刷	北京文昌阁彩色印刷有限责任公司
开　　本	880 毫米 ×1230 毫米　1/32
字　　数	125 千字
印　　张	6.25
版　　次	2023 年 11 月第 1 版
印　　次	2023 年 11 月第 1 次印刷
定　　价	68.00 元

新浪微博：@ 中央编译出版社　微　信：中央编译出版社 (ID：cctphome)
淘宝店铺：中央编译出版社直销店 (http：//shop108367160.taobao.com)
(010) 55627331

本社常年法律顾问：北京市吴栾赵阎律师事务所律师　闫　军　梁　勤
凡有印装质量问题，本社负责调换。电话：(010) 55627320

为“走近中国”文化译丛作序

雷米·马修

在古希腊古罗马时代结束了很长时间之后，欧洲世界转向了中国，却丝毫不了解中国之文化何其博大、中国之历史何其流长、中国之疆域何其广袤、中国之人口何其众多。那么，为什么要走近中国？要知道，要不是因为那条自罗马帝国时代以来就闻名天下的丝绸商贸之路，中国对欧洲一直也并未表现出多少兴趣。钱林森教授主持了一项卓越的事业，就是通过主编这套“走近中国”文化译丛，从历史和跨文化的角度，来回答这个宏大而复杂的问题。该译丛收录了丰富多彩的著作（原著多为法文和英文），以帮助人们理解这样一些对中国都充满着热爱，或者最起码充满着浓厚兴趣的欧洲知识分子是如何从自己的旅行记忆、宗教信仰以及各自时代所获得的科学知识出发，自以为是地对中华文明加以解读和诠释的。

在欧洲与远东交往的历史上，起初有三种动机推动着欧洲人去发现中国：宗教、商贸和对未知事物的了解欲。可以说，这样一段发现的历程多少是遵循了这样一个历史演进规律的。在信奉基督的欧洲，人们有一种要引领新的族群皈依"真正信仰"的信念。正是这种信念帮助天主教扩张到了美洲、非洲，当然还有亚洲。尽管欧洲早已有人远赴中国探险，但西方渗入中国的最初尝试，应该算是传教士们（在十六世纪末）的成就。他们甚至还为此设立了一些长期稳定的传教使团，其中大多由耶稣会会士或多明我会会士领导。这些传教使团在中国大陆的存在一直持续到将近1950年时才告终结。所以，欧洲最初获得的有关中国的信息，要归功于这些教士，他们在努力培养信徒的同时，执着地自以为从中国人的思想和信念中发现了属于原始基督教的一些遥远的、变形的元素。当然，我们现在都知道，他们的这些先入为主的观念导致他们在理解中华文明时犯下了多么重大的错误。

紧随传教使团之后，或者说与之同步，掀起了解中国第二波浪潮的，是商人。这波浪潮在十七世纪，也就是路易十四时期，渐渐成为时代的潮流。那时，全欧各国贵族以及从事商贸的资产阶级的家里都充斥着来自中国的丝绸、瓷器和青铜器。资产阶级也希望能在亚洲，尤其是在中国，为自己的商品找到一片广阔的市场，而不需要承受太多的道义负担。这些富裕的家庭以及这些掌权的贵族对这些他们连产地名称都不清楚的“中国货”趋之若鹜。我们都知道，这样一种进攻态势的经济帝国主义发展到十九世纪，就导致了一些政治争端和军事战争，其中的标志就是两次鸦片战争以及随后那些给中国留下如此糟糕记忆的一系列“不平等条约”。无论如何，西方的商人们还是获得了对这个丝绸及牡丹之国的认识，尽管这种认知是以经济利益为基础的，并且因为方法论的缺陷而常常充满了误解。

最后，从十九世纪始直至今日，以西方文人为主体构成的“汉学家”群体一直致力于解读和传播古代传统中国的语言、文学、艺术、社会学和历史……要想理解中国是如何被西方“走近”的，首先就应该向他们求教。虽然不可否认，这些学者中有相当多也曾是传教士或商人，在解读古代和现代中国的运作机制上曾经有过宗教信仰或经济利益上的考量，但从此，欧洲涌现出了众多懂得中华文明的专家。当然，也不要忘记日本的学者，他们对汉字文化的熟悉程度是他们的明显优势所在。

本套丛书收录的著作并不能完整地反映欧洲汉学研究的全貌。要知道，所有的西方国家都曾经从各自的传统、各自的经济利益、各自的地理位置以及各自当时的政治或军事实力出发，来寻找通往中国的道路。葡萄牙、波兰、俄罗斯、荷兰、瑞典……这些国家虽然算不上欧洲汉学研究的大国，也算不上最强大的帝国主义列强，但它们也都曾开辟了自己通向中国的道路。这第一批书目收录的只是一些英文和法文原著的作品，但还是能让中国读者窥见现当代西欧对中国的看法。它也使读者可以重新发现一些伟大的学者，比如洪堡（Alexander von Humboldt，1769—1859），其研究领域虽然主要集中于自然科学和世界地理，但他其实也是最早关注中国语言的德国科学家之一。他曾和雷慕沙（Jean-Pierre Abel-Rémusat，1788—1832）合出过一部题为《关于汉语有益而有趣的通讯》（*Lettres édifiantes et curieuses sur la langue chinoise*，*1821—1831*）的文集，为法国学院派汉学研究贡献了一块主要基石。

汉语，因其不属于印欧语系并且表现出诸如“单音节”“多音调”等与欧洲语言完全不同的特征，而常常成为西方作者进行自我观照的一个选项。本套丛书收录了一些或多或少涉及此类问题的作者及著作。比如白吉尔（Marie-Claire Bergère）和安必诺（Angel Pino）在1995年出版的《巴黎东方语言学院百年汉语教学论集（1840—1945）》（*Un Siècle d'enseignement du chinois à l'École des Langues orientales, 1840—1945*）就回顾了东方语言学院汉语教学的历史。而在那之前，在雷慕沙的推动下，巴黎的法兰西公学院（Collège de France）早在 1815 年就已经开始了大学汉语教学。

在语言方面，中国诗歌在现代出版物中占据重要地位。这在很大程度上要感谢朱笛特·戈蒂耶（Judith Gautier, 1845—1917），她把许多中国古诗译介成法语，于 1867 年编成了一本非常出色的集子《玉书》（*Le Livre de jade*），成为第一位编纂中国诗集的作家。这部作品令法国人了解了从上古至十九世纪的中国诗歌浩瀚的数量和卓越的品质，更让法国的诗人们领略了中国的诗歌艺术。1869 年，她又 [以其婚后姓名朱笛特·芒代斯（Judith Mendès）] 出版了《皇龙》（*Le Dragon impérial*），深刻地影响了那个时代法国的精神世界，受到了维克多·雨果（Victor Hugo）和阿纳托尔·法朗士（Anatole France）的高度赞誉。到了离我们更近的时代，仍有一些法国作者将心血倾注于伟大的中国古诗，或加以研究，或进行译介。正如郁白（Nicolas Chapuis）在其于 2001 年出版的《悲秋——古诗论情》（*Tristes automnes*）中所出色完成的那样。他所因循的，是葛兰言（Marcel Granet, 1884—1940）在一个多世纪前走过的道路。葛兰言曾经出版过一本《中国古代的节庆与歌谣》（*Fêtes et chansons anciennes de la Chine*），试图通过对《诗经》中许多诗歌的翻译和解读勾勒出古代中国社会的轮廓。走在相似道路上的，还有英国的大汉学家阿瑟·韦利（Arthur Waley，1889—1966），他为欧洲贡献了大量中国和日本诗作的翻译。他之所以被收录于本套丛书，凭借的是他最有名的那部献给伟大诗人李白的著作《李白的生平与诗作》（*The Poetry and Career of Li Po，701–762 A.D.*），这部著作迄今依然是西方汉学研究的权威之作。而美国杰出汉学家狄百瑞（William Theodore de Bary，1919—2017）的研究显然更加集中于哲学层面，他于 1991 年出版了《为己之学》（*Learning for One's Self: Essays on the Individual in Neo-Confucian Thought*），努力地向好奇的西方读者介绍中国的“理学”思想。他可以算是一位向本国同胞乃至向全世界大力推介远东哲学的学院派汉学家。从一定程度上说，于 1924 年出版了《盛唐之恋》（*La Passion de Yang-Kwé-Feï, favorite impériale*）的乔治·苏里耶·德·莫朗（George Soulié de Morant，1878—1955）也是如此，他改编了唐朝杨贵妃等人的历史故事，并借机引述翻译了杜甫的一些诗篇。同一时期有一本题为《论中国文学》（*Essai sur la littérature chinoise*）的小册子也是他 [以笔名乔治·苏里耶（Georges

Soulié)]发表的作品。

许多关于中国的作品，都是西方的学者文人编著的他们在中国旅行或生活的记录，但也有一些出自普通西方旅行者的笔下。他们只是想把自己的印象告诉当时的同胞，让后者了解有关中国这个遥远国度的真实或假想的神秘之处。其中最古老的一部，大约是《曼德维尔游记》(*The Travels of John Mandeville*)，该书作者身份不明，应该是生活在十四世纪的欧洲人；他以极尽奇幻绮丽的笔法详细地记载了他远行东方的历程。该书有可能对马可·波罗（Marco Polo，1254—1324）的精彩故事也产生了影响。本套丛书收录了离我们更近的克洛德·法莱尔（Claude Farrère）于1924年出版的《远东行记》(*Mes Voyages: La Promenade d'Extrême-Orient*)，令人不由得联想到皮埃尔·洛蒂（Pierre Loti）、亨利·米肖（Henri Michaux）、亚瑟·伦敦（Arthur Londres）等欧洲记者及作家，他们都曾在二十世纪初启程奔赴这个尚不为世人了解的远东国度，然后又都把充斥着令他们感觉奇特的画面、声音和气味的回忆带回到了西方。路易·拉卢瓦（Louis Laloy，1874—1944）在1933年出版的《中华镜》(*Miroir de la Chine: Présages, Images, Mirage*）也属于这一大类。拉卢瓦对中国的音乐着墨颇多，因为他是当时为数不多的对中国音乐颇有钻研的专家之一；他还发表过多项关于中国乐器和中国戏剧的研究成果。值得一提的，还有乔治－欧仁·西蒙（G.–Eugène Simon，1829—1896），他的《中国城》（*La Cité chinoise*）讲述了自己作为领事的回忆，在欧洲大获成功。许多曾经在中国居住或生活过的法国或英国的作家都用各具风格的文字记述了自己在中国的见闻，他们的作品不仅体现了他们的美学情感、文化体验，而且具有重要的文学价值。其中，值得人们铭记的名字有谢阁兰（Victor Segalen，1878—1919），他创作了大量中国主题的文学作品，包括本套丛书收录的优秀作品《中国书简》（*Lettres de Chine*）。还有毛姆（William Somerset Maugham，1874—1965），他于1922年发表的《中国屏风上》（*On a Chinese Screen*）是一部以中国作为背景的旅行日记式短篇小说集。哈罗德·阿克顿爵士（Harold Acton，1904—1994）发表的题为《牡丹与马驹》（*Peonies and Ponies*）的集子也很有名，那是他在长居北京期间写成的，用一种纯英式的幽默记录了英国人和中国人之间的文化碰撞。从奥古斯特·博尔热（Auguste Borget，1808—1877）的笔下，也能读到同样的文化碰撞，他的《中国和中国人》（*La Chine et les Chinois*）采用欧洲中心的视角去观照中国文化中“奇丽”的一面，颇受向往异域情调的西方读者们的欢迎。与此观点一致的，还有法国记者保罗–埃米尔·杜朗–福尔格（Paul–Émile Durand-Forgues，1813—1883）以笔名“老尼克”（Old Nick）创作的《开放的中华》（*La Chine ouverte*，1845年首版，2015年再版）。这本书如其书名所示，讲述了在惨烈的鸦片战争之后，中国被迫向西方列强打开大门。但最妙的，还要数儒勒·凡尔纳（Jules Verne，1828—1905）在其1879年的杰作《一个中国人在中国的遭遇》（*Les Tribulations d'un Chinois en Chine*）中虚构的幻想之旅，充满了丰富的创意，后来在法国还被改编成了电影。

雷威安（André Lévy）在1986年翻译推出的《1866—1906年中国士大夫游历泰西日记摘选》（*Les Nouvelles lettres édifiantes et curieuses d'Extrême-Occident par des voyageurs lettrés chinois à la Belle Époque*, *1866–1906*）的一大成就，是展现了十九世纪末到欧洲游历的中国旅行者的反应，由此让我们看到了东方人对当时他们极为陌生的欧洲世界的看法。同样属于中国对西方进行见证这一类型的作品，还有陈丰·思然丹（Feng Chen–Schrader）在2004年出版的《中国文书——清末使臣对欧洲的发现》（*Lettres chinoises: Les diplomates chinois découvrent l'Europe*, *1866–1894*），让我们

了解到清末中国的来访者在接触到欧洲时的所思所想。要知道，在那个互不了解的时代，中国和欧洲对彼此的认识同样少得可怜。

如前所述，中国艺术对欧洲的渗入始自路易十四时代。在法国，这种渗入在路易十五及路易十六时代进一步增强，这与中国的清朝在十八世纪达到鼎盛时期是一致的。中国艺术在法国登堂入室，对于十九世纪前夕的法国人了解中国文化至为关键。与此同时，中欧之间的商贸交流获得了重大飞跃，渐渐形成了欧洲产品对远东的经济入侵之势。亨利·考狄（Henri Cordier，1849—1925）1910 年发表的名著《18 世纪法国视野中的中国》（*La Chine en France au XVIIIe siècle*）对这种同时出现在艺术和经济两个领域里的现象进行了研究。虽然直到二十世纪初，欧洲人对中国的思想一直不甚了解，但他们对中国的艺术表达却知之颇多，考狄的研究正好能够帮助我们理解这一点。当然，欧洲人对中国文化表达方式的认识并不局限于绘画、雕塑或丝绸艺术。中国的文学，尤其是中国的诗歌也进入了西方知识界，并给予了西方文学家和诗人们许多灵感和启迪。我们之前已经说过，这首先要感谢朱笛特·戈蒂耶。2011 年，岱旺（Yvan Daniel）通过其在《精神对话：法国文学与中国文化（1846—2005）》中出色的研究，对历史这一尚不甚为人所知的方面进行了分析。他考察了约1840年前后的法国文学作品，尤其是保罗·克洛岱尔（Paul Claudel）以及谢阁兰的作品，论证了戈蒂耶译介中国诗歌对他们产生的影响。而在1953年，即新中国成立几年之后，明兴礼（Jean Monsterleet）在其《当代中国文学的高峰》中，对百年之后的中国文学文化重新进行了一番梳理。这种以竭尽全力打倒旧文化为目标的新文化，将中国的一种新面貌呈现在了对中国革命时期（1920—1950）涌现的当代中国作家知之甚少的西方读者眼前。我们还要指出的是，明兴礼是曾经在中国和日本传教的耶稣会士，因而他当然是从天主教的视角来对革命中国的社会政治实践进行考察的。

走近中国，恰如钱林森教授为这套丛书精心遴选的文本所证明的那样，是欧洲历史中一段形式极其丰富、历时极其持久的历程。这些著作既反映了欧洲人认知中国的水准何其之高，也反映了他们认知中国的程度何其局限。这些局限是人所共知的：每个民族都会因其信仰、科学知识以及风俗习惯而在某种程度上视自己为“世界的中心”，从而使自己受到了局限。理解他人、认识他人是困难的，难就难在我们总是顽固地以为我们可以以己度人。这一点，庄子和淮南子等伟大的思想家早已作出过论述。我们也看到，正如清朝文人在游历西方时发表的感言所揭示的那样，中国人在认识欧洲的过程中也存在着同样的现象。尽管如此，还是必须强调，要是没有欧洲的（正面的以及负面的）影响，中国就不可能成为今日之中国，同样，没有中国为欧洲文化和技术带来的贡献，欧洲也不可能成为今日之欧洲。这便是雷米·马修（Rémi Mathieu）在2012年出版的著作《牡丹之辉：如何理解中国》（*L'Éclat de la Pivoine. Comment entendre la Chine*）中所捍卫的观点。他提醒人们不要淡忘中国和欧洲为彼此作出的贡献，以及双方有时都不愿承认的对彼此欠下的债务。这套囊括众多著作的丛书彰显了分处欧亚大陆两端的欧中双方希冀提升相互理解的共同愿望，的确是一件大大的功德。

雷米·马修（Rémi Mathieu）

2020年9月10日

（全志钢 译）

理解中国：法兰西的一种热爱

——为“走近中国”丛书作序

郁　白[1]

中国是一个巨大的存在。她存在着。无视她的存在，是盲目的，况且她的存在日益显要。——夏尔·戴高乐，1964年1月8日

2014年，为纪念法国与中华人民共和国建立外交关系五十周年，法国外交部档案室对有关十八世纪以来曾经代表法国来华的学者、外交官及译者的一系列文献进行了整理汇编，结集成册，以《中国：法兰西的一种热爱》（*La Chine: une passion française*）为题出版。

钱林森教授在这套“走近中国”丛书中推介的法国学者文人们关于中国著述的中文译本，强化了这样一种认识，即

① 当代法国汉学家、翻译家，资深外交家。

法国的知识分子一直和中国保持着一种充满激情的关系。英国大汉学家史景迁（Jonathan Spence，1936—2021）在其于1998年出版的关于西方对中国的想象之作《大汗之国：西方眼中的中国》（*The Chan's Great Continent: China in Western Minds*）中，将此称作“法国人的异国情缘”：“当时（十九世纪末）的法国人把他们对中国的体验和见解凝练成了一套颇为严密的整体经验，我称之为‘新的异国情缘’。那是一段交织着暴力、魅惑和怀念的异国情缘。皮埃尔·洛蒂（Pierre Loti）、保罗·克洛岱尔（Paul Claudel），还有维克多·谢阁兰（Victor Segalen），他们三人都在1895年至1915年期间在中国生活了一段时间。他们都坚信自己看到了、听到了、感受到了真正的中国。因为他们都是拥有巨大影响力的作家，所以他们把自己对中国的见解刊印出来，既拓展了西方对于中国的想象，同时又遏止了这种想象的泛滥。”

如果确如亚里士多德的名言所说，“理解欲乃人之天性”（《形而上学》），那么走近中国，对于法国而言，曾经是，现在依然常常是这种欲望的升华。正是在这种欲望升华的驱使下，诸多法国人深度地亲身参与到这个进程中，为理解中国投入了大量心力，并为之痴迷。这种痴迷，归根结底，就是受到了一个在众多方面都超乎理解的国度的吸引。中国的读者或许会问，法兰西对中国的这般“激情”是合理的吗？对于他们，我们只要简单地回答说：要想达致真正的理解，就必须先学会爱。

本套丛书辑录的文本所反映的，就是这样一个求索的过程。在中国，有太多人抱持这样一种论调，认定西方“不理解”中国。这些文本应该可以为这样的论调画上句号了。诚然，法国知识分子对中国的印象与中国在不同历史阶段想要向世人展现的印象可能并不一定相符。但在文化关系中，感受与实际同样重要。一味宣称“实际情况不是这样的”，并以此为由去否认另一方的理解，这样的做法不仅毫无建设性，甚至是有害的。更有意义的做法，应该是对两者之间的差异、距离甚至是鸿沟进行测量评估，以便架起新的理解的桥梁。

且以安德烈·马尔罗（André Malraux，1901—1976）的名著《人类的境遇》（*La Condition humaine*，获得 1933 年龚古尔文学奖）为例。它讲述的是 1927 年上海工人起义遭镇压的故事。有评论说这部小说“消解了（西方人对中国的）幻想但又不致令人绝望”，而这一效果的达成，虚构在其中起到的作用要比纪实大得多。而且这本书是欧洲第一部预言中国革命的作品。

离我们更近一些的例子，是尼古拉·易杰（Nicolas

Idier, 1981—）在 2014 年出版的《石头新记》（*La musique des pierres*）。易杰曾任法国驻中国大使馆文化专员，他笔端流露的对画家刘丹（1953—）的真挚感情令读者感动。他说刘丹"画的是中国（未来）在经历了一段漫长的阴霾后迎来的复兴"。这本书延续了三个世纪以来以中国为题的法国文学的传统，把一段充满个人主观体验的讲述打造成了一份关于艺术及艺术家在当今中国所发挥的作用的证词。

我在这里提及这些并未被钱林森教授收录进这套丛书的作品，目的是吊一下中国读者们的胃口。要知道：对中国的热爱是法国文学的一个鲜明特点。除了在法国，还有哪个国家会有那么多以中国作为核心研究对象的院士？前有阿兰·佩雷菲特（Alain Peyrefitte，1925—1999）和让－皮埃尔·安格雷米（Jean-Pierre Angrémy，1937—2010），今有程纪贤（François Cheng，中文笔名"程抱一"，1929—），他于 2002 年当选法兰西学院院士，是法国历史上第一位华人院士。

这套丛书是钱教授特地为法国的一些汉学家准备的颁奖台。我们要热烈地感谢他记录下法国汉学家们在理解中国的进程中所作出的重大贡献。而且他们的贡献常常超越法语世界的边界。葛兰言（Marcel Granet，1884—1940）、雷维安（André Lévy，1925—2017）、白吉尔（Marie-Claire Bergère，

1933—）和雷米·马修（Rémi Mathieu，1948—）培养的一代代学生如今已经成为执掌法中两国关系的主力。法国的中国文化教学也从未像今天这样兴旺繁荣，而中文也已经成为法国中学生的一门选修外语。这一切，都为法国在未来更加全面地走近中国打下了基础，为唤醒法国文学的全新使命打下了基础，为法国对中国更深沉的热爱打下了基础。

郁白（Nicolas Chapuis）

2020 年 5 月 3 日，北京

（全志钢译）

“走近中国”文化译丛主编序言

钱林森

“走近中国”文化译丛书系，是21世纪初我主持编译的西方人（欧洲人）“游走中国”“观看中国”的小型文化译丛。这套文化译丛的酝酿、构想，始于20世纪末与21世纪之交，而最终促成其创设、实施的机缘，却源于遐迩闻名的山东画报出版社一位素未谋面的年轻编辑曹凌志先生的一次造访。2002年10月深秋的一天，曹先生手持一部大清帝国时代的法文原版精装书来宁见我，他一见到我，便开门见山地介绍道：这是他们山东画报出版社从西南四川等地，经多处庙堂辗转而得手的一部图文并茂的法语原著。社里领导很想将此书翻译成中文正式面市，但不知它写的什么内容，值不值得翻译出版刊行。所以要请专家评估一下。曹先生庄重地申言：“我们曾首先咨询过北京社科院外文所法国文学大家柳鸣九先生的高见，是柳鸣九先生建议我们来宁登门拜访您的。”——不由分说，便把他手持的法文原版书递过来。受宠于我所敬重的权威学者之举荐，岂容怠慢？我就诚惶诚恐地连忙接过客人递过来的这部精装珍稀读物，认真地翻阅起来，方知这原是19世纪法国一位匿名游记作家老尼克（Old Nick）所撰，并由同时期法国著名画家、旅游家奥古斯特·博尔热（Auguste Borget）作插图的图文并茂的“游记”[①]，是西人“游”中国、“看”中国、想象中国、认识中国的时兴文体。初看起来，内中虽不无作者舞笔弄文的杜撰，但其历史文献的意义，却是显而易见的，加之书内附有清朝时期罕见的栩栩如生的写生插图画，其珍贵的文化价值和收藏价值，毋庸置疑，因此，它也就被顺理成章地收进了敝人酝酿有年的“走近中国”文化译丛书系。

“走近中国”文化译丛最初的构想，是想编选“域外人”（包括东洋人和西洋人）“游”中国、“看”中国的大型文化游记书系，而域外的中国游记，浩如烟海，受制于个人精力、能力和出版诸因素，编选者最终只取一瓢饮。选择的标准有二：一是该文本的跨世纪影响力，即这些文本迄今为

---

① 指（法）老尼克著，奥古斯特·博尔热作插图的《开放的中华——一个番鬼在大清国》。

止还时不时地影响着西方人对中国的看法，是西人眼里的经典。二是该文本的文学、历史价值，即这些文本不仅有较强的可读性，且有重要的历史价值和文化意义。首辑仅选法、英两国10部长短不等的中国游记，即（法）老尼克的《开放的中华》（*La Chine ouverte*，1845）、（法）格莱特（*Thomas-Simon Gueullete*，1683—1766）的《达官冯皇的奇遇——中国故事集》（*Les Aventures merveilleuses du Mandarin Fum-Hoam*: *Contes chinois*，1723）、（法）奥古斯特·博尔热（Auguste Borget，1808—1877）的《中国和中国人》（*La Chine et les Chinois*，1842）、（法）绿蒂（Pierre Loti，1850—1923）的《在北京最后的日子》（*Les Derniers Jours de Pékin*，1901）等组成一套小型书系，于21世纪头10年间，由山东画报出版社、江苏人民出版社、上海书店出版社出版。首辑译丛正式面世时，我曾就其编选动因和译丛的创意与宗旨作了如下说明：

> 中西方文明的发展与相互认知，经历了极其漫长的道路。两者的相识，始于彼此间的接触，亦可以说，始于彼此间的造访、出游。事实上，自人类出现在地球上，这种察访、出游就开始了，可谓云游四方。“游”，是与人类自身文明的生长同步进行的。“游”，或漫游、或察访、或

远征，不仅可使游者颐养性情、磨砺心志，增添美德和才气，而且能使游者获取新知，是认识自我和他者，认识世界、改变世界的方式。自古以来，人类任何形式的出游、远游，都是基于认知和发现的需要，出于交流和变革的欲望，都是为了追寻更美好的生活。中西方的互识与了解，正开始于这种种形式的出游、往来与接触，处于地球两端的东西（中西）两大文明的相知相识和交流发展，正由此而起步。最初的西方游历家、探险家、商人、传教士和外交使节，则构筑了这种往来交流的桥梁，不论他们以何种机缘、出于何种目的来到中国，都无一例外地在探索新知、寻求交流的欲望下，或者在一种好奇心、想象力的驱动下，写出了种种不同的“游历中国”的游记（包括日记、通讯、报告、回忆录等）之类的作品，从而构成了中西方相知相识的历史见证，成为西方人认识自我和他者、认识中国、走近中国的历史文献，在中西交流史上具有无可取代的价值和意义。对这些历史文本作一番梳理、介绍，它本身就是研究“西学”和“中学”不可忽略的一环，是深入探讨中西方文化关系无法回避的重要课题。翻译出版“走近中国”文化译丛最初的动因正在于此。

在中西方两大文明进行实质性的接触之初，在西方对东方和中国尚未获得真实的了解和真确的认知之前，西方人——西方旅游家、作家、思想家和传教士，总习惯于将中国视为“天外的版舆”，将这个遥远、陌生而神秘的“天朝”看作不同于西方文明的“异类世界”，他们在其创作的中国游记，以及有关中国题材的其他著作中，总是按照自己的意愿与想象塑造自己心目中的中国形象——一个迥异于西方文化的永远的“他者”形象。在西方不同时代、数量可观的中国游记中所创造的这种知识与想象、真实与虚构相交织的“中国形象”，无疑是中西交通史上一面巨大的镜子，从中显现出的不仅是“中国形象”创造者自身的欲望、理想和西方精神的象征、文化积淀，也是西方视野下色泽斑斓、内涵丰富复杂的“中国面影”。这就决定了，西方的中国游记和相关题材的著作，既是中国学者研究“西学”的重要历史文献，又是西方人研究“中学”的历史文本，其深刻的学术价值是显而易见的。西方的中国游记对中国的描写和塑造，不仅激发了西方作家、艺术家的创作灵感，也为西方哲人提供了哲学思考的丰富素材，启发了他们的思想智慧。一如有些文化史家所指出的，“哲学精神多半形成于旅游家经验的思考之中”[①]。西

① 艾田蒲：《中国之欧洲》（上），许钧、钱林森译，河南人民出版社 1992 年版，第 197 页。

方早期的中国游记，虽然多半热衷于异乡奇闻趣事的报道而缺乏哲学的思考，但它们所提供的中国信息、中国知识和中国想象，却给人以思考，为西方哲人，特别是16世纪以降人文主义、启蒙主义思想家提升自己的哲思，建构自己的学说，提供了绝好的思想资源和东方素材，并且成为他们描述中国、思考中国不可或缺的参照。这样看来，西方的中国游记所蕴含的思想价值和哲学意义，也是不言而喻的。我们还注意到，历代西方的中国游记所传递的中国信息、中国知识，不仅使西方哲人深层次地思考中国、认识中国提供了可能，而且也直接地促进西方汉学的生成和发展。西方中国游记和类似的“中国著作”，特别是17、18世纪来华耶稣会士的游记和著述，所展示的中国形象、中国信息、中国知识，直接构成了18世纪欧洲“中国热”主要的煽情材料和思想资源，直接助成了19世纪西方汉学生长和自觉发展的重要契机，其文化意义也毋庸置疑。如是，文化译丛“走近中国”的创意，正基于此。

那么，在难以数计的西方游记和相关著述里，中国在西方视野下究竟呈现着怎样的面貌？这难以数计的游记、著述又如何推动西方汉学的生成与发展？它们在西方流布，到底在传播着怎样的中国神话、中国信息、中国知识，从而深化西方人对中国的了解和认识，使之一步步走近真实的中国？这便成了本译丛梳理、择选的线索和依据，以此而为读者提供一幅中西方相知相识、对话交流的历史侧影，正是本译丛的编译宗旨。

新编"走近中国"文化译丛，严格遵循首辑译丛所确立的编译宗旨和编选标准，但在入选作者国别和作品文体、内容方面却有所不同。首辑出版的"走近中国"文化译丛入选作品，主要是法、英旅游家、作家所撰写的中国游记、信札、日记等文类，而新编入选作品，则集中择选法国作家、汉学家（含中国驻法使节、留法学人）所撰写的思考、研究中国文化的著述，除游记、信札、报道类外，还包括散文随笔、传奇、戏剧、哲学对话和学术专论等各类文体在内的著作。这就是说，行将推出的新编"走近中国"文化译丛，不止于西人"游走中国"的游记，着重收入的是法、中两国作者所撰的研究中国文化的著述，包括文学创作和学术研究两类著述，是法、中学人互看互识、对话交流的跨文化学术丛集。"走近中国"文化译丛的编选做这样的变动，实出于编选者能力与知识积累的现实考量，也出于编选者自身研究的实际需要与诉求，因为此时编者也正担负着主编《中外文学交流史》之在研课题。如此面世的文化译丛，必将为源远流长的中西（中法）文化文学关系研究搭建一方坚实、宽阔的跨文化对话平台，也必将为日趋深入拓展的跨文化比较文学研究提供新的学术场域。

新编的“走近中国”文化译丛，以“游记”类和“文库”类两辑，即文学作品之“作家文丛”、学术著述之“学者文库”两辑刊行面世。恪守首创宗旨和选择准则，本译丛精选自17世纪以降，侧重18世纪至20世纪的法国作家、思想家、汉学家（含留法华人学者）研究中国文化有影响力的近20部作品。每部中译本皆有导读性的译者序或译者前言，并且尽可能地附有原著插图，以图文并茂的新风貌展现于世。具体书目为：马塞尔·葛兰言（Marchel Granet，1884—1940）著《中国古代的节庆与歌谣》（*Fêtes et chansons anciennes de la Chine*），白吉尔（Marie-Claire Bergète）、安必诺（Angel Pino）主编的《巴黎东方语言学院百年汉语教学论集（1840—1945）》（*Un siècle d'enseignement du chinois à l'école des langues orientales*，*1840–1945*，1995），岱旺（Yvan Daniel）著《精神对话：法国文学与中国文化（1840—1945）》（*Littérature française et culture chinoise*，*1846–2005*，2000），雷米·马修

（Rémi Mathieu）著《牡丹之辉：如何理解中国》（*L'Éclat de la Pivoine. Comment entendre la Chine*，2012），郁白（Nicolas Chapuis）著《悲秋——古诗论情》（*Tristes Automnes, poétique de l'identité dans la Chine ancienne*，2001），路易·拉卢瓦（Louis Laloy，1874—1944）著《中华镜》（*Miroir de la Chine: Présages, Images, Mirage*），乔治·苏里耶·德·莫朗（George Soulié de Morant，1878—1955）著《盛唐之恋》（*La passion de Yang Kwé fei, Mercure de France, revue, septembre-octembre*，1922），毛姆（W.Somerset Maugham）著《中国屏风上》（*On a Chinese Screen*）等。近 20 部不同文体的作品与著述，敬献于广大读者，就正于海内外方家。感谢一直与编者一起携手共耕的译者朋友们，感谢始终默默地关注着、支持着本文化译丛的亲朋挚友和学界师长、同仁们。

“走近中国”文化译丛选载的上述作品，皆属 18 至 20 世纪法国（含英国）作家、汉学家“游走中国”“观看中国”“认识中国”、思考和研究中国的各类不同文体的优秀之作，是法（英）国作者，一代接一代，瞭望中国、想象中国、描写中国的色泽斑斓、琳琅满目的集锦荟萃，堪称法、英文苑的奇花异草，构成了一道靓丽的风景线。这些作品的作者们，之所以一代又一代心仪“他乡”“远方”“别处”，不断地瞭望东方——中国，关注中国、描述中国，并不总是出于一种对异国情调和东方主义的“痴迷”，实出于认知“他者”和反观“自我”的内心需要。“在中国模子中，我只是摆进了我所要表达的思想。”——20 世纪法国作家谢阁兰的这句话最好不过地表达了这一代法、英作者关注中国、了解中国、描写中国的真实愿望，旨在借中国这面镜子来反观自己，确立自身的形象。他们之所以一往情深地渴望远方、别处，寻找“他者”，恰恰反映了他们对自己认识的深层需求，一种“时而感受到被倾听的需求，时而（抑或同时）产生倾诉、学习和理解的需求”，一种杂糅了自我抒发与理解他者的“必要”。克洛岱尔将处于地球东西两端的法中两个不同民族、不同文明之间的这种相互瞭望、相互寻找、互证互识的双向运动比作一种自然现象——“海洋潮汐”[①]。从这个意义上说，他们“瞭望”东方、“游走”中国、“寻找”他者，也许正是另一种方式的寻找自我，或者说，是寻找另一个自我的方式；他者向我们揭示的也许正是我们自身的未知身份，是我们自身的相异性。他者吸引我们走出自我，也有可能帮助我们回归到自我，发现另一个自我。由此可见，即将面世的“走近中国”

---

① Paul Claudel, *La Poésie française et l'Extrême-Orient* (1937), in *Œuvres en prose*, Paris, Gallimard, coll. *Bibliothèque de La Pléiade*, 1965, p.1036.

文化译丛，呈现于诸君面前的这些作品的作者们，之所以如此一代接一代地渴望东方，远眺中国，寻找他者，如此情有所钟地“醉心”于中国风景，采撷中国题材，一部接一部地不断描写中国，抒发中国情怀，认知中国，正是他们认知自身的需要，他们“看”中国，正是反观自己、回归自己的一种需求，一种方式和途径。如此，从跨文化研究的方法论学理层面看，“走近中国”文化译丛所提出的课题，不仅涉及这些法（英）国作家在事实上接受中国文化哪些影响和怎样接受这些影响的实证研究，还应涉及他们如何在自己的心目中构想和重塑中国形象的文化和心理的考察，研究他们的想象和创造；不仅要探讨他们究竟对中国有何看法，持何种态度，还要探讨他们如何“看”，以何种方式、从什么角度“看”中国，涉及互看、互识、互证、误读、变形等这一系列的跨文化对话的理论和实践的话题，是关涉中外（中法）文化和文学交流史研究的基础性工程，其学术价值和意义，毋庸置疑。

采撷域外风景，载运他乡之石，是当年创设“走近中国”文化译丛之动因、初衷，同理同道，广揽域外风景，汇编成集，呈现于国人，不是为了推崇异国情调，追寻异国主义，而是为了向诸君推开一扇窗户，进一步眺望远方，一览窗外的风景，旨在借助外来的镜像来反观自己，认识自己，从而确立自身的形象。众所周知，他山之石，可以攻玉。打开室内窗户，直面窗外景象，一览无余，我们自身的面貌也就清晰地浮现出来，一如有西方学者所言，在天主教“三王来朝”的时候，在我们的对面肯定会有一张毫无掩饰的面孔出现：“在面孔中所反映出来的他人，从某种意义上恰恰揭示了他本人的造型特征。就像一个人在打开窗户的时候，他的形象也同时被勾画了出来。”① 我们编译出版“走近中国”文化译丛，希望诸君看到17世纪以降至20世纪，这一时代映现在西方人眼中的中国，这个时代西方人注视中国、想象中国、创造中国的“尤利西斯式”目光。那目光可能不时流露出傲慢与偏见，但其中表现在知识与想象的大格局上的宏阔渊深、细微处的敏锐灵动，也许，无不令人钦佩、击节，甚至震撼。总之，诸君倘能闲来翻书，读到“走近中国”文化译丛，击节称奇，从中感到阅读欢愉，发出会心的微笑，那便是对我们的勉励，倘能借助这面互证的镜像，打开“窗外的风景”，反观自己，审视自己，掩卷长思，从中受到教育，那便是对我们最大的奖励。

① （法）埃马纽埃尔·勒维那斯：《他人的人道主义》，袖珍书，图书馆散文集，1972年，第51页。

值此“走近中国”文化译丛付梓刊行之际，我们由衷地感谢出版方中央编译出版社的诸位领导，感谢他们始终坚守契约精神和不离不弃的支持、合作，感谢编译社诸位编辑的悉心编审，感谢翻译团队师友们携手共耕、辛勤付出，感谢法国知名汉学家雷米·马修先生、郁白先生在百忙中欣然赐序，拨冗指教。

钱林森

2023年5月30日，大病未愈，居家养病期间定稿

南京秦淮河西滨，跬步斋陋室

对话《牡丹之辉：如何理解中国》

——钱林森、雷米·马修对话录

我们对于中国民族，设想出多少怪戏。因为我们不能了解这既上反下、既左却右、既前又后的中国民族。既聪颖绝伦，却又有不谙世务的狂愚；既柔弱无俦，却又能盛衰兴亡绵延不绝；既质性惰钝，却又有出类拔萃的工艺；既禀性痴顽，却又有令人颠倒之玲珑；既质朴少文，却又有不可思议之纤巧；既淡泊自安，却又能精微修凿。我们既不能了解，遂想出无奇不有妙想天开的解说。

——瓦雷里:《盛成〈我的母亲〉序》

（1）**钱林森**：雷米·马修先生，感谢您2015年推荐、题签寄赠大著《牡丹之辉：如何理解中国》；更感谢您百忙之中在尊著中译本付梓前，愿以其原创动因和价值意义为中心话题，接受我们专访，拨冗垂教。不瞒您说，我在当年（2015年深秋）一接到您这部著作时就心生疑窦：您作为汉学著述等身的当代法国汉学界中生代代表学者，怎么会花时间、花功夫撰写这本字数不多的“小书”呢？可当读完尊著后，我才明白这部看似篇幅不大的区区“小书”，却是一部内容厚实，具有导航性的厚重大书，于是便决定将它列入我主编的“走近中国”文化译丛之首部。我要请教阁下的首个问题是，您在心无旁骛沉潜于中国研究时，何以又灵感突发，挤出时间撰写《牡丹之辉》这部别出心裁的著作？我猜想，是否如您在本书导言里所说，“我们怎能不被牡丹的光芒照得头晕目眩？牡丹的颜色、芳香、富丽象征着中国的芬芳与色彩；牡丹熠熠生辉，照亮全世界的人民，而且首先照亮我们法国人。”——换言之，怎能不被东方的牡丹感动呢？请问是这样吗？

雷米·马修：大多数法国人对古代中国、古典中国和现代中国一无所知，这让我感觉不适，甚至恼火，因此我决定撰写这本书。而法国人之所以不了解中国，是因为中国文明（历史、文学、社会学、哲学等）在法国中小学教育中所占比重微乎其微。许多法国人中学毕业时对中国几乎毫不了解，他们满足于肤浅的知识，即有关中国和中国人的成见和误解。因此，我认为，为了努力填补这些空白而撰写这本面向普通读者的小书是有用的。当然，我也意识到，这一贡献微薄，单靠它无法填补信息空白，毕竟这些信息空白源于受教育阶段的儿童期和少年期。但是我们在此有必要重申某些基本的无须高深的科学论证的真理。这本书的首要目的是提醒读者，中国不仅在亚洲，而且在世界各地，都熠熠生“辉”（这种光辉以中国国花牡丹为象征）。

（2）**钱林森：**我们知道，十五世纪以降东西方人相遇相识之后的漫长世纪里，中国在西方人眼里，一直被视为“天外的版舆”，一直是个“谜”，因而一直被“误释”“误解”。直至二十世纪法国大诗人保尔·瓦雷里还这样表达过难以把握的困惑心境：“我们对于中国民族，设想出多少怪戏。因为我们不能了解这既上反下、既左却右、既前又后的中国民族。既聪颖绝伦，却又有不谙世务的狂愚；既柔弱无俦，却又能盛衰兴亡绵延不绝；既质性惰钝，却又有出类拔萃的工艺；既禀性痴顽，却又有令人颠倒之玲珑；既质朴少文，却又有不可思议之纤巧；既淡泊自安，却又能精微修凿。我们既不能了解，遂想出无奇不有妙想天开的解说。”自十五世纪以降几个世纪，西方人一直不了解中国，总是将中国视为“谜”，为什么呢？难道中国不是西方想要的那个“他者”吗？

雷米·马修：事实上，中国在西方，特别是在法国，被视为绝对的“他者”，一些人称之为文化“对立面”。这并非完全错误，因为在语言、宗教和哲学上，中国是与西方希腊-拉丁世界、基督教世界截然不同的“另一个世界”。自十九世纪以来，不管西方如何影响中国，中国依然独特，因为中国保有其书写文字（与越南人相反）、祖先崇拜与佛教，几乎没有接受基督教；最后，中国的哲学思想极少甚至没有受到希腊思想的影响。而我们则不同，我们一切哲学和思考世界的方式都肇始于希腊思想。然而，让保尔·瓦雷里为之哀叹的无知其实是相对的，因为多亏了雷慕沙、伯希和及其他早期学者，科学的汉学自十九世纪初就在法国确立。那个时代的普通民众也许对此毫无兴趣，但是任何人只要想通过以上学者了解中国，都有可能达成心愿。我认为中国不是一个“谜”，只有我们不想了解的东西才会成为一个“谜”；此外，在十九世纪和二十世纪，即使是受过教育的中国人也会认为，欧洲人在某些方面是一个“谜”。在过去的一个世纪里，由于文化和科学交流日益增多，这些误解逐渐消失，特别是清朝灭亡后，中国文人学者对西方产生了兴趣，有些甚至前往欧洲学习。与此同时，早期法国学者和大文学家在中国生活、学习了很长时间，从而能够更好地传播中国的声音及其艺术，他们有时翻译、评论从而解释了中国艺术。例如，我想到了沙畹、谢阁兰、伯希和和克洛岱尔。

（3）**钱林森：**您在本书导言里这样明确指出：“要了解中国对我们说的话，首先要倾听她的心声，接下来才谈得上理解。为此，我们首先要盘点历史的馈赠，然后思考我们亏欠中国的（巨额债务总是容易被忽视）以及中国亏欠我们的（中法双方对此几乎没有印象）。最后，二十一世纪无疑属于亚洲，而且主要属于中国；种种迹象表明，这又是一个动荡的时期，因此我们要勾勒出中法两国在二十一世纪同时向彼此靠近的大致情况。”这是您在尊著中所定下的基调与方向，是吧？也就是说，西方人要理解中国，得首先要学会倾听中国的心声，接下来才有可能理解中国，步向正确认识中国，友好共存的康庄大道，是吗？

雷米·马修：我认为，双方（法国和中国）都应该记住，我们彼此亏欠。我在书中写道，如果没有中国的贡献，特别是技术上和精神上的贡献，法国就不会是现在这个样子；反之亦然，如果没有欧洲的文化和文明贡献，中国也不会是现在这个样子。因此，我回顾了中国给人类科学技术带来的巨大贡献。法国人往往忽视中国人的这些贡献，不是出于恶意，而是出于对历史的无知。此外，重要的是通过研究中国社会及宗教状况来理解中华文明。中国社会及宗教状况与我们不同，这就意味着中国人的社会实践、习俗和行为与我们相去甚远。这就是现代语言中所谓的社会人类学，有助于解释人们在日常环境中的行为动机：他们在社会生活的各个领域中秉持什么样的道德观，他们有何期望，品味如何……共存显然是可能实现的，也是人心所向。但在国家之间，共存取决于个人善意以外的其他因素，即经济和政治利益，但这些超出了我的能力范围。然而，提醒大家我们彼此亏欠，可以帮助我们更好地认识彼此对全人类所作出的贡献。中国不仅对亚洲，也对欧洲作出了巨大贡献，这就是我想在这里提醒大家的。

（4）**钱林森**：您认为："中国是他者，但中国又不完全是他者。……相互的他者性是互补而不是对立的，因为中国已经大踏步走向西方，尽管我们还没有做出同样的努力。人们认为，应该承认并充分接受这种他者性。但是我们的教育与文化都促使我们首先强调——即使不是仅仅强调——造就、构建西方文化的不同之处，并且认为这是全人类的共同标志，却将这个世界的另一伟大文化阵地[①]——中国或者另一国家（不要忘记印度，尽管这个国家的语言、文化与我们密切相关）——排除在外。现代中国是古代中国文化逐渐演化与主要源自西方的现代成果共同作用的结果。如果我们不了解中国以前的面貌与思想，就无法理解她现在的面貌与思想。”如此看来，拉近中法两国之间的距离，缔造崭新的中法关系，是时候了！那么请教：我们该怎么做？

雷米·马修：“崭新的中法关系”？这种期望可能太高了！正如我提醒大家的，现在的中法关系不是一种新型的关系，但却建立在平等基础上，无关乎十九世纪的欧洲（英国、荷兰、法国、德国……）帝国主义。值得注意的是，自二十世纪六十年代以来，中国语言文化的教学在法国获得长足发展，现在许多法国大学开设汉学课程，其中多所大学甚至有博士课程。我不知道中国的法语语言文化教学情况如何，但我相信情况不会太糟！这显然是中法两国增进相互了解的必要条件，因为受过如此教育的专业人士将向公众宣传他国的文化（艺术、技术、文学等方面）成就与成果。我认为中法关系不可能立刻发生革命性的变化。我们必须谨慎、务实：法国只是欧洲的一部分，固然是重要部分，但不是核心部分。除了法国，欧洲还包括德国、意大利、西班牙、英国……更不用说俄罗斯了。同样，在我看来，虽然中国文明是亚洲最重要的文明，但不再是唯一的

---

① 一位杰出的希腊思想研究专家断定，此类哲学概念产生于雅典与斯巴达之间，这是它们在“世界上首次”被创造出来。在所有思维健全的人——包括最博学的人——看来，世界难道不是止于地中海沿岸吗？

文明，日本、印度和东南亚的文明在人类历史上也占据举足轻重的地位，不应该忘记它们。当然，就我而言，我希望尽可能广泛地发展中国传统文化——从古至今——的教学和传播。这样，当我们谈论全人类的历史时，才不会忽略人类历史的重要组成部分。即使是伟大的法国学者也将“人类”概括为地中海世界，这并不罕见，因为他们从未认真阅读过有关中国的研究，因此也就无从得知，存在着一个与希腊-罗马世界完全不同的精神世界、文明世界。希腊-罗马世界本身不应该被视为世界中心！

(5) **钱林森：**我们知道，法国人自中世纪文艺复兴时期的人文主义大家蒙田（1533—1592）始，至十八世纪启蒙运动先驱伏尔泰（1694—1778）、二十世纪知名作家、汉学家、比较文化比较文学大师艾田蒲（1909—2002）等前驱先贤，无一不认为，中国在世界图景中长期缺席。就实际而言，只不过是由于欧洲人自以为优人一等，是欧洲中心主义作祟罢了。您认为呢？蒙田、伏尔泰等先知先觉们，无一不曾敏锐地指出过，长期以来中国在世界的静默、缺场，恰恰反映了西方对东方悠久中华文明的无视、无知。您能认同吗？

雷米·马修：我同意这一观点，但蒙田和伏尔泰之所以对中国无知（他们两位都对中国有非常片面，但因为完全理想化所以极为正面的认识）是因为那时候包括法国在内的整个欧洲仍然对中国一无所知。而整个欧洲对中国无知，是因为传教士是当时欧洲人了解中国的唯一知识来源，而传教士们只有一个目标：向人们说明，他们如何可能在这个基本未知的世界传播基督教，以及为什么在中国传播基督教的事业不像人们希望的那样“进展”顺利。在伏尔泰和孟德斯鸠（他也经常谈论中国）的时代，学者们根据自己的需要想象中国，有的将中国描述为品德高尚的广阔天地，有的将中国描写成野蛮未开化的社会。这就是艾田蒲所说的“亲华”和“恐华”，这两种错误的哲学倾向同时滋养了无知和异国情调，让法国人对这个尚不为人知的国家和人民产生了既迷恋又排斥的感情。您所揭露的这种欧洲中心主义源于以下事实：最早被欧洲征服的美洲人民和非洲人民的伦理水平和科学水平总体低于欧洲，那里的人们很容易被奴役。此外，包括法国在内的欧洲总体上信奉基督徒，欧洲人相信他们的使命是使全世界皈依“真正”的信仰，即信仰基督。但是遭遇中国，也就陷入了大难题：中国也许在某些技术或科学方面落后，但在一些认识方面领先于欧洲；此外，中国并非真正需要唯一的神。请允许我大胆断言，中国人的精神装备齐全，不仅有祖先崇拜、圣地崇拜，还有佛教和道教，足以维持丰富的宗教生活。然而，直到二十世纪，欧洲人还没有理解或承认这一点。此外，如果我们谈论现代之前最伟大的法国思想家对中国的无知，我们也必须相应地谈论伟大的中国学者对法国的无知。我不相信朱熹或王夫之对欧洲有什么确切的了解！在那个时代，中法两国对彼此一样无知，因此两国之间的误解事出有因、情有可原。

（6）**钱林森：**历史地看，东西方——法中两国长期以来存在着的隔膜误解，其实有两方面的原因：一是欧洲人的历史带着无可救药的欧洲中心主义；二是中国人，自古以来就自认处于世界中央，被各个蛮族包围。中国人一般认为自己与欧洲、太平洋及后来的美洲国家没有任何关系，中国人在很多方面一直与世界保持距离，世界也报之以冷漠。您能赞同这个判定吗？我们高兴地看到，到二十世纪，法国（欧洲）不乏头脑清醒、目光敏锐的亲华作家、诗人，写出不少亲近中国、歌唱中国的作品。不过除谢阁兰之外，他们的作品，更多的是想象中国或皮相地描述中国，而不是思考中国，如亨利·米修的《一个野蛮人在亚洲》；或者歌唱中国而不是研究中国，如克洛岱尔的《认识东方》。中国、法国之间，长期存在着误解（误解的历史），这是不争的事实。对此，您有何见教呢？

雷米·马修：这确实是一段充满误解的历史，我在前文说过，很大程度上是因为双方对彼此一无所知。但这不是唯一的原因……为了更好地相互了解，还需要有足够的意愿去相互认识、彼此交往，深度体验对方的精神世界，而不是止步于表面的异域情调。像谢阁兰这样的诗人、学者不仅（通过考古工作）研究了中国古代文化，而且在诗作中歌唱了中国文化，这些诗作的部分灵感来自他阅读、分析并试图模仿的《诗经》。然而，当时法国还产生了一种充满异国情调的文学，如皮埃尔·洛蒂的作品，再比如，亨利·米修的作品似乎只保留了中国“诗情画意”的一面，而法国读者由于对这个遥远国度的现实知之甚少，不禁为之心醉神迷。保罗·克洛岱尔也很难不去追求中国的异国情调，即使他宣称自己热爱中国的城市景观和乡村景观。然而，我记住了他的《仿中国诗作》，他在其中戏拟“中国”诗歌形式，有点像古斯塔夫·马勒(Gustav Mahler)在他的《大地之歌》(*Chant de la Terre*)中从几首唐诗中汲取灵感那样。然而，我认为，从二十世纪开始，这种态度发生了变化，因为中国只有在第一次世界大战和第二次世界大战期间随着日本侵略才真正进入欧洲历史。在那个时期，对欧洲人来说，中国走进了他们的现实世界，他们意识到中国确实存在，而不仅仅是上古时代的“宝石梦”。然后，在这个时候，文学家开始相互了解，相互确认，相互模仿，相互学习，究其原因，是翻译得以大量开展，而不再仅仅是专家的专属。相互误解的时代在某种程度上消逝了。

(7) **钱林森：**长期以来西方（法国）人没有充分认识到西方对中国欠下的债务，导致人们看不到在世界这两部分之间架起桥梁的可能性，这两个世界即使已经知道彼此的存在，却互相并不了解。这种相互之间的不了解由来已久。直至二十世纪，法国文化史家艾田蒲先生在其著名的汉学（东方学）、比较文学比较文化大著《中国之欧洲》中以深邃的思考和博大的胸怀，愤然抨击欧洲中心主义，痛击自以为是的高卢人是忘恩负义者[①]。他尖锐指出，中国四大发明（纸张、印刷术、指南针、火药）改变了西方世界的面貌。他认为：“长久以来，我们忘记

---

① 艾田蒲：《中国之欧洲》第二部，见前面所引书目，第11页。

了我们对中国欠下的债务，亏欠于中国的太多了。是时候反思了。”我们认为，艾老高瞻远瞩的批判一语中的。请问，您能认同吗？有何高教？

雷米·马修：这正是我在书中所捍卫的观点。事实上，包括法国人在内的欧洲人已经忘记了这些债务。我研究了中国对欧洲文明史的影响，列举了欧洲对中国欠下的债务。然而，我也没有忘记，这种影响（无论是好的还是坏的）是相互的，中国也收到了欧洲的馈赠，只是在不同历史时期，她要么接受要么拒绝了这些馈赠。此外，我们应该区分我们各自不同历史时期的不同情况，因为我们长期对彼此一无所知。我们知道彼此的存在，但是不想或不能对彼此了解更多，比如在法王路易十四和路易十五统治期间，此时中国正处于康熙和其他伟大的清朝皇帝统治之下。不管在哪一方面，中法两国对彼此的认识流于表面；两国之间只有商品往来流通，两国人民彼此互不了解，他们对彼此的文学艺术几乎一无所知！必须等到十九世纪，转机才会出现。

（8）**钱林森：**您在尊著第三章“回忆与遗忘”里，言简意赅地列数了西方曾给予中国的“馈赠”与“影响”，诸如西方向中国派遣最优秀的传教士传播“真正的”信仰、科学、现代性等，并明确指出西方与中国之间的这些馈赠与影响存在着很大的差异，且标明两者交流影响的不平衡性。的确如此。回顾西方的信仰、科学、科技现代性进入中国的过程，人们从中至少可得出两个启示：一是西方的信仰、科学与中国真正相遇并产生影响，前者显然在中国水土不服；后者相较于中国给予西方的馈赠，欧洲对中国的馈赠过于单薄，西方科学征服了中国人的大脑，却没有征服他们的灵魂。二是十九世纪西方列强坚艇利炮的科技现代性给予中国的是一段苦涩悲惨的记忆，是伤害和痛苦，是丧权辱国的记忆和历史。您以为呢？您有何见教？

雷米·马修：我大体上同意您的观点。当然，基督教在中国的传播基本宣告失败。除了少数例外，基督教并没有在中国传播开来，个中原因与中国人本来就有的繁忙宗教生活（如我们所见，祖先崇拜的传统宗教、道教和佛教）有关。从这个角度来看，一个全能的唯一的神的概念与中国人的思想和精神完全格格不入。此外，有罪灵魂的救赎与中国人民的习俗、信仰亦不能相容。因此，基督在中国鲜有追随者。然而，传教士，包括耶稣会士，在向中国传播西方知识和向西方传播中国知识方面发挥了绝对重要的作用。您所说的至少在一开始并无帝国主义色彩的交流任务是由他们承担的。因此，您提到的“西方现代性”并不能概括为炮艇政策及其所带来的中国人经常谈论的耻辱。法国长期被罗马人占领，然后在整个中世纪被英国人占领，但她并不认为自己是罗马人和英国人的受害者。当时的历史就是这样：人们开疆拓土以便劫掠财富、奴役当地人。同样，十九世纪是殖民扩张的时代（在非洲、美洲、亚洲），经济和军事实力薄弱的中国无法与这些帝国主义的野心相抗衡。

（9）**钱林森：**十九世纪西方列强坚艇利炮的现代科技，给予中国的是丧权辱国的历史，西方帝国的坚艇利炮轰垮了大清帝国，惊醒了沉睡的中国人睁眼看世界，驱使中国知识者深刻反思，寻求救国救民的道路。接着，俄国十月革命一声炮响给中国传来了马克思列宁主义。1919 年五四新文化运动爆发，陈独秀、李大钊、毛泽东、周恩来等新文化运动前驱们开启了质疑传统政治思想，引进马克思主义，寻求西方（欧洲）方案以解决中国沉疴痼疾的革命进程，他们自觉地接受马克思主义，建立了中国共产党，走上了拯救中国的正确道路。经过中国共产党率领全中国各民族人民三十年前赴后继的浴血奋战，1949 年 10 月，毛泽东在天安门城楼向世界庄严宣告中华人民共和国成立，“中国人站起来了！”中华民族列于世界民族之林。自此，历史翻开了新的一页，换了新的天地：建立了新共产主义，塑造了红色中国形象。愈加激发了西方人几个世纪以来挥之不去的“黄祸”忧虑。这是您在尊著第四章“为了结束屈辱”所论述的内容。我想要请教阁下的是，屈辱的中国人站起来了，跻身于世界民族之林，何以反倒激活“黄祸”的幽灵，让西方越发惧怕呢？这难道不是艾田蒲先生在其《中国之欧洲》巨著中所明确指出的，是西方人心造的幻影吗？一如您同辈同胞比较文学学者让 - 马克 · 莫哈（Jean-marc Muoura）所指出的：“黄祸”只不过“是于其内心深处威胁西方个体人（西方文明的基础）的一种衰败的形象”[①]。对于黄种人，特别是对于中国人的恐惧，“黄祸”都是一种不正常、虚幻、焦虑不安的感情。对此您

① 《世纪之交的反对乌托邦和“黄祸”，几种浪漫主义的例证》，载《远东，异国情调手册》，普瓦捷版本，托里，1995 年，第 91 页。我们还可以参阅同一卷中的拙文：《佛陀，“黄祸”的一种奇怪形象》，第 72—82 页。

有何见教?

雷米·马修:“黄祸”的概念相当古老，我认为它可以追溯到十九世纪，伴随当时的种族主义理论而产生。我不记得它在更早之前存在，尽管在启蒙时代或许开始有了萌芽：当时有思想家为吃不饱饭的众多中国人口感到忧心。这种所谓的“灾祸”只是简单化的有害的想法，今天只存在于软弱、无知的头脑中。因此我认为心怀善意的人在认识中国的过程中不会出现这种危险。此外，据我所知，无论是在法国，还是在国外，都没有任何思想流派或政党提到“黄祸”。这一邪恶想法建立在对中国历史的无知上。中国历史向我们表明，中国从未试图越过边境缔造一个帝国，除了在某些历史时期与其近邻越南、朝鲜有过争端。这并不排除中国有国际、政治或经济野心，但这并不意味着中国人会入侵他国。我认为，这种所谓“灾祸”的观念在很大程度上属于过去，无论是过去还是现在，都属于无稽之谈。因此，我对此并不十分担心，尽管我承认我们必须始终保持警惕，注意与有害思想作斗争。

(10) **钱林森:** 总之，尊作《牡丹之辉：如何理解中国》，这部厚重的大书，凝聚着您作为法国当代汉学家代表人物，热爱中国和中国文化、懂得中国、理解中国的拳拳之心。您这部大作是我主编的“走近中国”文化译丛所有入选丛书的法国作者的导航性作品。谢谢您!

雷米·马修: 我对中国文化的认识促使我在过去 50 年左右的时间里，通过研究和翻译向人们介绍我所钟情、爱戴的中国思想所取得的伟大成就。总之，不管是面向汉学家同行，还是面向更广大的非专业读者，我都是从这一教育角度出发考虑我的研究工作，致力于在工作中传播中国思想。你们的丛书为中法两国搭建了友谊的桥梁，帮助我们更好地了解对方，交流两国人民具有代表性的观点，哪怕是不一致的观点。因此，我感谢您将我的这本书收录其中。愿这本小书为您的跨文化事业作出微薄的贡献！

目　录

导 言

为什么我们不了解中国？为什么我们似乎看不见她？即使她就出现在我们眼前，我们看到的往往不是她，而是我们自己的另一张面孔。一直以来，中国似乎是被我们想象出来的，中国的现实好像是以神秘的形象呈现在我们面前。然而每个人都知道，所谓的“谜”（ainigma）一般的奥秘是由主体的理解与想象造成的，而不像人们所想的那样源于客体本身的晦涩难懂。那么中国为什么是神秘的？总体而言，我们彼此之间的距离难道不是比我们与中国之间的距离更远吗？很久以来，中国不正是我们想要的甚至需要的那个**他者**吗？也许是吧，然而法国人——当然还包括其他西方人——在与汉文化圈（le monde sinisé ）打交道的时候，并没有将这种心理机制（mécanisme psychologique）贯彻始终，而似乎只是视之为不朽的载体。“误解”由来已久，但这不应该成为它继续存在的理由。中国不再是我们梦中的国度，而是出现在我们日常生活的方方面面，从经济生活、政治生活、财务生活到现在的文化生活。华人社群从此构成我们社会环境的一部分；这种情况也出现在其他大陆上，无论是刚刚崭露头角的大陆，还是历史悠久的大陆。我们将中国划归远东，以便更好地置身于世界中心。但是我们忘了，自古以来中国就自命为世界**中心**，就像她的名字所揭示的那样。这个广阔世界从此不就有很多“中心”吗？除非世界中心会不断移动？

十五世纪以来，西方的历史总体而言就是从领土上、文化上不断占有更多空间、躯体及灵魂的历史。然而西方已经进入相对衰落的时代。虽然人口不是唯一的指标，但是，截至今日，地球上每五个人中就有一个是中国人，我们如何能够忽视。从语言、文化的角度来看，这并非旁枝末节，无关宏旨，而是铁板钉钉的事实，容不得我们假装不知道。我们目睹中国——不管是国家还是个人——的经济、财务实力节节攀升，看着中国大量收购欧洲、美国甚至非洲的资产与国债。在写下这几行文字的时候，我们怎能不被牡丹的光芒照得头晕目眩？牡丹的颜色、芳香、富丽象征着中国的芬芳与色彩；牡丹熠熠生辉，照亮全世界的人民，而且首先照亮我们法国人。

中国对西方不构成威胁，也不像某些人认为的那样，是解决我们当前困难——不管是什么范畴的困难——的**他山之石**。中国是长年文化（我们知道有千年之久）磨砺以及多个世纪的政治环境共同作用的结果；中国的政治环境时常动荡不安，至少在二十世纪便是如此，更不必说前面各个世纪。如果说千年的文化磨砺似乎使中国的形象凝固不变，那么动荡的政治环境则屡次使这个形象变得模糊不清。要了解中国对我们说的话，首先要倾听她的心声，接下来才谈得上理解。这是我们自己定下来的目标。为此，我们首先要盘点历史的馈赠，然后思考我们亏欠中国的（巨额债务总是容易被忽视）以及中国亏欠我们的（中法双方对此几乎没有印象）。最后，二十一世纪无疑属于亚洲，而且主要属于中国；种种迹象表明，这又是一个动荡的时期，因此我们要勾勒出中法两国在二十一世纪同时向彼此靠近的大致情况。

人们一再强调：中国是他者。但中国又不完全是他者。正是这种相对的他者性让人们对中国时而过于害怕，时而过分追捧[①]。我们不要忘记中国总体上对世界——尤其是对西方——的看法：每个人都有自己的**他者**，每个人都对他者性有自己的看法。今天，这种相互的他者性是互补而不是对立的，因为中国已经大踏步走向西方，尽管我们还没有做出同样的努力。人们认为，应该承认并充分接受这种他者性。但是我们的教育与文化都促使我们首先强调——即使不是仅仅强调——造就、构建西方文化的不同之处，并且认为这是全人类的共同标志，却将这个世界的另一伟大文化阵地[②]——中国或者另一国家（不要忘记印度，尽管这个国家的语言、文化与我们密切相关）——排除在外。现代中国是古代中国文化逐渐演化与主要源自西方的现代成果共同作用的结果。如果我们不了解中国以前的面貌

---

① 蒙田在《随笔集》第五十三章引用了凯撒的这句话："看不见的、隐藏起来的、不为人知的东西更能激发我们的信任或者恐惧，这是我们天性中常见的缺陷。"（转引自《内战记》，第二卷，第4章）。

② 一位杰出的希腊思想研究专家断定，此类哲学概念产生于雅典与斯巴达之间，这是它们在"世界上首次"被创造出来。在所有思维健全的人——包括最博学的人——看来，世界难道不是止于地中海沿岸吗？

与思想，就无法理解她现在的面貌与思想。因此是时候适当拉近我们两国之间的距离了；以前依靠情感就可以做到的，如今依靠理智，多多少少也能做到恰如其分。怎么做呢？首先是通过教育满足国人对**中国性**越来越强烈的好奇心，提供尽可能客观的中国知识。其次，通过心理上的变化，使国人摆脱某些毫无根据的忧虑。这些忧虑源自某种无知，更是源自过分的欧洲中心主义姿态，而法国人之所以有这种姿态，是因为他们对中国的认识囿于前人的陈腔滥调。从此以后，中法两国将会缔结崭新的关系；在这种关系中，中国价值观被认为是卓有成效的、富于多样性的，虽然不总是能够得到理解，但是有可能排除万难，让我们最终认可甚至爱上她的他者性，当然前提是中国的他者性能够脱离我们的想象进入现实。正是秉持着以上认识与方法，我们开始撰写此书。

一、文化对立面（antipodes culturels）

中国的语言、文化——其中文化很大程度上取决于语言——与欧洲截然不同。然而直至最近，法国乃至西方对中国语言与文化依然疏于研究。构成中国他者性的东西，即有助于人们了解中国的东西，欧洲中小学、大学几乎都没有教授。在可供修习的课程中，人们很难读到、听到汉语。尽管欧洲各国教育体系不同，但是中国语言文化在欧盟其他国家的遭遇与在法国毫无区别。再看北美，情况基本相同，只有一点不同：北美各大学的汉学研究比较发达，不仅是因为美国和加拿大财力雄厚，还因为这两个国家拥有众多华人社群。对中国无知，必然导致不理解中国；只有专家加工过滤的知识才能部分消除这种不解，然而专家对古今中国的看法又往往比较刻板。

1. 中国：绝对的“他者”？

对中国性一无所知的人能够明确的第一件事情就是中国的

他者性；不是想象力出于“异国情调”的需要而构建的他者性，而是既成事实所构成的客观的他者性。

其实远东地区与西方各国鲜有共同的文化兴趣。双方的艺术（不管是绘画、雕塑，还是音乐、建筑）即使互相欣赏、互相爱慕，也几乎无法互相理解。在现代以前，它们几乎完全不知道对方的存在，更谈不上**互相熏陶**。它们对彼此都没有产生过任何影响——至少直到最近，因此在十七世纪初以前，它们之间没有过任何交流或融合。我们感觉这是两个自给自足的世界，它们确定自己既不需要也不渴求对方。我们该如何解释这种“特异性”（étrangeté）？

汉语隶属于庞大的汉藏语系，后者与印欧语系没有任何共同之处。从语言学角度看，说汉藏语的人与说印欧语的人绝不可能互相**听懂**。汉语是世界上使用人口最多的语言：世界上15% 的人说汉语，有时候写汉字。

汉语是一门声调语言。当今中国的通用语言（即普通话）拥有四个基本声调，外加轻声。从结构上说，汉语是单音节语言，尽管汉语口语倾向于汇集多个音节以组成复合词，这种倾向已经持续了几个世纪，并随着现代工艺及术语的引进而扩大。汉语的这两个主要特征是多音节、无声调的印欧语所没有的。汉语动词没有词尾变化，名词与形容词不仅没有词形变化，一般也没有性、数标记。古典汉语（直到二十世纪初都是中国文人的书面语）更加难以分割（indifférencié），因为词语的功能（动词、名词、副词、形容词等）取决于它在句子中的位置，而动词的主体及时态、语式都没有标注出来，更不用说动词的性与数；只有一些所谓的“虚词”用以标明句子的节奏，尤其是最低限度地指明句中词语的性质，而词语在句中的排序对于明确句子意义至关重要。汉语中有些音素是法语所没有的，但是除了几个前颚擦辅音以及卷舌音——尤其存在于北京方言中，用法语发出这些音并非难事。我们的语言与古典汉语或者现代汉语之间没有任何交集。欧洲人认为，汉语的特异性表现在他们听汉语、学汉语时所感受到的第一印象。从语音层面说，汉语先验地不提供任何标记以方便欧洲人倾听并听清楚这门语言。

对门外汉及其他人来说，汉字这东西既令人赞叹，又叫人捉摸不透。令人赞叹：大约两千年来，书法与绘画、音乐平起平坐，被视为真正意义上的艺术；叫人捉摸不透：习惯于阅读字母文字——不管是哪种字母文字——的人既看不懂汉字的意义，也听不懂其发音，因为汉字不是由字母而是由方块字构成的。总而言之，这个世界有两大文字体系：字母文字与汉字[①]。字母文字的性、数、格等词形变化常见于印度、欧洲以及近期的美洲。而汉字一直忠于它的源头，从公元前三世纪末第一位

① 某些文字不过是特定环境下约定俗成的符号（宗教符号、地形标记等），对于这样的文字我们略过不谈；我们谈论的是能够从整体上记录一门语言的声音及信息的**体系**。拉丁文字与希腊—俄罗斯文字本身是近亲；它们各有不同，但绝不是彼此的他者。见艾乐桐（Vivianne Alleton）：《中国文字：现代性的挑战》（*L'Ecriture chinoise. Le défi de la modernité*），巴黎：阿尔班·米歇尔，“思想书库”文丛，2008 年，共 239 页。

皇帝[1]统一文字以来，汉字就没有发生过明显的变化。最古老的中国文字出现在公元前十四世纪，刻在用于占卜的龟壳、牛骨上。众所周知，这种文字（还有其他很多文字）的首要功能是与神灵直接交流。毫无疑问，这种文字从远古时期就一直与神圣世界紧密联系。从这种最原始的功能传承下来的，是人们对懂得书写这些符号的人无比崇敬，并且赋予他们言说这个世界现状及未来的神奇权力。符号记录言语，为事物命名；如果说文人的权力源于他们所行使的职责，那么他们的威望则来自他们创造与掌握这些符号的能力。中国人将书面语而不是口语神圣化，这在中国人与印刷或者手写汉字[2]所维持的关系中表露无疑。这肯定是中华文明乃至整个远东汉语言文化圈最大的标志之一。在远古时期，汉字写于竹简（人们保存了自公元前四世纪以来竹简的考古遗迹，在此之前它们从未完好无损地存留下来）及绢帛之上；所有这些都保存在达官贵人的墓穴之中。在秦朝建立之前，汉字还被刻在石头、铜器上面，此后，秦朝皇帝令人将典籍刻于石头上，使之永不磨灭。纸和笔——至今保留最初的形态——大概诞生于秦朝初期。在手写稿中，所有汉

---

① 公元前 221 年，秦始皇统一了车轮的宽度，统一了度量衡，统一了法律与法规，统一了各国文字。中国史学创始人司马迁（公元前 145—前 90）在他的著作《史记》第六章中浓墨重彩地记录了这一重大事件。这个决定似乎从公元前 221 年就做下并开始实施。

② 关于文字在中国的功能，雅克·德里达在《论文字学》[巴黎：午夜出版社，“批评”文丛（1967 年）1974 年再版，第 118—120、138、140 页] 中引用了谢和耐的中肯分析，批评了莱布尼茨（致白晋的信）针对汉字——这种文字被认为与言语相分离——的所谓普遍功能所提出的唯心主义观点。

字占用一样的空间，有时候用“标点”符号隔开（这一原则后来运用到印刷文本中）；无论是古代文本还是现代文本都是如此。然而，在古典时代，文本是没有标点的（刻于文本主体中的小字体批注可能有标点）。无论是以前还是现在，字与字的间距是一样的，汉字从来没有因为语义原因而攒聚成一团。汉字依循竹简的形状由上到下排列。于是，阅读文本要从右到左、从上到下，手写本如此，后来印刷本亦如此。如今，根据不同地点及文化背景，文本可以横着写（从左到右，甚至为了美观，从右到左），或者从上到下竖着写（有点像阿波利奈尔的图形诗）。在汉语中，一个方块字只对应一个音素（日语的情况就大不相同①），因此只对应一个读音，尽管有时候这个读音随着该字的用法不同以及该字与相邻汉字的关系不同而发生变化。起初，一个汉字即构成一个词语；但是慢慢地，一个词语聚集了多个汉字，在当代汉语中甚至聚集了三个、四个甚至更多汉字。现代大辞典收录的汉字达六万个以上，每个汉字都有自己的读音与声调（某些汉字甚至有多个读音与声调）。要学会数千个汉字，需要长年累月的学习，甚至要持续一辈子。词典将汉字按照部首（传统上包括 214 个部首）分门别类，将被认为属于同一类别（木字旁、女字旁、水字旁、石字旁、金字旁、马字旁、心字旁、提手旁、走之底、目字旁……）的汉字排列在一起。汉字经历了几千年的动荡历史，却基本没有改变方块

① 在此我们不讨论日语的情况，日语尽管从八世纪开始就用汉字书写，却属于另一种语系，与汉藏语系毫无干系。

字的形状与笔画，忠心耿耿地将中国语言与文化传承至今[①]。一种由拉丁字母构成的标注体系即拼音于 1958 年 2 月由中国政府创立；这个标注体系首先用于教材编写以及在一个拥有众多方言的国家实现发音标准化。这个标注体系绝不是要取代传统文字，而主要是用于辅助传统文字（本书只采用这个标注体系），因为中国的方言实在太多。汉字能否适应现在及未来技术的要求？信息输入的来临没有改变这个问题的基本情况。通过多种实践手段，计算机已经能够应对非字母文字的输入所带来的挑战。早在二十世纪初，知识分子就提出了这个问题。他们忧国忧民，努力推动备受西方侵犯的祖国走向现代化，他们认为西方人拥有一种因为简单所以理想的字母文字。显然，现代性这个问题与文字载体而不是文字类型有关。中国的语言与文字很早就走上了技术革新之路（即使不是其中的引领者）。在书法大家与非汉学家那里，汉字的奥妙与神奇共存；非汉学家想要理解或领悟这些方块字[②]所传达的意义，但是他无论如何不能借助汉字笔画满足这一愿望。他手头没有任何资源，无法对这些符号承载的信息产生最低限度的想法，他甚至因此沦为文盲。

---

① 这一说法没有将中国政府于 1956 年实行的改革考虑在内。1956 年的改革意在简化某些常用汉字的字形，取消了某些被认为过多甚至多余的笔画，但是没有改变整个语言体系的逻辑。台湾地区和香港地区一样保留了所谓“非简化”字体。中国大陆有时候也用繁体字印刷传统文本，以避免两个古代汉字简化成一模一样的现代汉字而引起混淆。

② 我们避免使用“表意文字”或者“象形文字”这样的词语，毕竟汉字既不是思想的反映，也不是形象的反映——除了文字形成之初的某些汉字以外。见前面所引艾乐桐的书，第 218—226 页。

二十世纪初，诗人、汉学家维克多·谢阁兰感叹道，中国思想是“我所渴望的处于西方思想对立面的思想”[①]。由此他不仅道出一个客观现实，而且在做出中肯评论的同时，表达了自己的情感。我们的思想封闭在希腊—罗马文明的枷锁之中，为了明确我们思想的局限，我们有必要掌握一种并非建立在相同预设基础之上的思想，以便更好地引出“未思”（impensés）。弗朗索瓦·于连近期基于这个方法论机制开展研究工作，以便更好地定义中国特色（spécificité），同时定义西方特色。福柯区分了“异托邦”与乌托邦、他者性与差异，前者与后者正相反，没有**任何共同的解释框架**（cadre commun d’interprétation）[②]。于连起先以米歇尔·福柯的观点为支撑，这种研究方法以及由此推导出来的对中国思想、文化的恐惧因其系统性、绝对性受到某些汉学家的批评[③]。从一个恰当的评论

---

① 维克多·谢阁兰：《异国情调论：一种多元美学》（*Essai sur l’exotisme. Une esthétique du Divers*），巴黎：海市蜃楼出版社，1978 年再版。袖珍丛书，“散文书库”文丛，1996 年，第 53 页。

② 弗朗索瓦·于连：《影射的价值：中国传统中诗歌阐释的原创范畴（对跨文化他者性的思考的辅助）》，巴黎：法国远东学院出版社，1985 年，第 3 页，注释 *、**。这段话所包含的最初的直觉将在于连以后的所有著作中得到进一步阐发。

③ 例如毕来德：《驳弗朗索瓦·于连》（*Contre François Jullien*），巴黎：阿利亚出版社，2006 年，第 82 页：“……从中国基本他者性的神话出发。”又见西蒙·莱斯：《小鱼的幸福：两极信札》（*Le Bonheur des petits poisons. Lettres des Antipodes*），巴黎：让－克洛德·拉戴斯出版社，2008 年，第 62 页：“于连所谈论的中国是一种抽象的建构。”论及弗朗索瓦·于连研究著作的文字汗牛充栋，这里无法一一提及。阅读于连对上述毕来德著作的答复大有裨益：《在路上：认识中国，重扬哲学——驳 ***》，巴黎：瑟依出版社，2007 年，共 149 页。

（古代中国思想的先验推理绝对与古希腊思想不同）出发，我们可以得出完全不同的结论：在中国思想中，存在某些几乎并行不悖的表达。**异托邦**是客观的现实，**他者性**是相对的真理，但是这两个概念很适合用于从欧洲人的视角思考中国以及我们的“未思”。

本书不打算阐述中国思想的所有根基，很多优秀的著作出色地完成了这个重要任务[①]。但是，我们要指出中国思想的几个主要特征，这对我们正确理解错综复杂的中国思想中某些恒常不变的东西必不可少。中国思想主要根植于《易经》的某些古老章节，这些章节或许可以追溯至公元前九世纪至公元前八世纪。《易经》原本只是一部占卜指南，在那个时候演变成用于辨别宇宙秩序、给“**道**”下定义、阐明人在这个世界及其组织中的地位的著作。《易经》变成基础逻辑学教材，勾勒了未来中国宇宙论的基本轮廓，也为日后中国哲学奠定了基础。在公元前五世纪至公元前四世纪，逐渐有人——主要是儒家学派——对《易经》进行评注。最后增加的几个章节可能是秦朝创立前夕并入《易经》的，大部分带有儒家学说的论调，即使我们可以发现有些元素属于其他古代思想流派。从古至今，《易经》始终是中国人民以及远东汉文化民族各种思想、哲学逻辑甚至宗教信仰的基础。《易经》在今天依然是一部占卜指

① 葛兰言：《中国思想》，巴黎：阿尔班·米歇尔出版社，1990年再版，共568页；程艾兰：《中国思想史》，巴黎：瑟依出版社，1997年，共657页。把范围扩大，有关严格意义上的历史，亦可见谢和耐：《中国社会史》（*Le Monde chinois*），巴黎：阿尔芒·科兰出版社，2005—2006年再版，分三卷出版。

南，能够根据卦象判定未来的任务，并且将这些任务与时间的韵律及社会—宇宙的指令联系起来。《易经》闻名中外，历久弥新。《易经》在西方受关注，主要源于该书所谓的**异国情调**甚至晦涩难懂等特征，由此建立的名声自然与《易经》最初的使命相去甚远[①]。传说孔子（公元前551—前479）审阅并修改了《易经》，但是从历史角度来说，没有比这更不靠谱的说法了。儒家学派想要将《易经》占为已有，作为其奠基之作，但是这等同于侵占遗产；《易经》一开始并没有明显的意识形态烙印，更没有丝毫的道德烙印。《易经》极大地滋养了道家鼻祖老子[②]的思想。

孔子为中国哲学的诞生打下了不可磨灭的印记；他没有创造一个理论体系，而是在言教基础上创立一套学说。这个学说意在将**好人**（西方古典时代的“正人君子”）培养成智者、文人、理想的开明君主，美其名曰君子，即君主之子，由此衍生出具有哲学意蕴的道德与思想。孔子死后，他的学生创立儒学，之后这个学派四散开来，分裂成多个派系。在汉朝（公元前

① 《易经》有多个法语译本，也有很多用法语撰写的研究《易经》的论著。这些译本和论著各有所长，各有所短，但是其中没有大学学者大规模的研究。有关后者，我们不能忘记林理彰的《〈易经〉：根据王弼解释而作的新译本》（*The Classic of Changes. A New Translation of the I Ching*）（纽约：哥伦比亚大学出版社，1994年，共602页）的丰富内容。

② 我们倾向于采用现代汉语拼音的标注方式，将这个学派译为 daoïsme 而不是 taoïsme。人们认为老子生活在公元前六世纪，但是在公元前四世纪以前，我们找不到任何有关他的著作的记载。列子是他最杰出的继承人之一，生活在公元前三世纪。

206—8）初年，儒学被钦定为官方学说，孔子本人“被封为圣人”，孔子及某些继承者的著作也被奉为经典[①]。儒学不仅仅是一种智慧、伦理，还为人们思考人在世界上尤其在社会上、家庭中的地位开辟了道路。此外，我们至今都能感受到，当代中国人的社会—政治分析深受儒学所蕴含的政治思想的影响。作为一种社会、政治理想，儒学自公元前二世纪以来就成为文人的主流意识形态，被视为统治阶级及被统治阶级一切社会行为与个人行为的准绳。不要忘记，旨在从文人当中选拔行政官员的考试起先依据的典籍是按照儒家规范阐释的，儒家经典随后成为考试依据[②]。在二十世纪初（1905），这些考试被取消，跟帝制被撤销（1911）几乎同时发生，而且过了没多久，即五四

① 有关这段历史的介绍，可见《儒家哲学家》（*Philosophes confucianistes*）[白光华（Charles Le Blanc）、雷米·马修（Rémi Mathieu）主编，巴黎：伽利玛出版社，“七星文库”，2009年）]第9—46页及书后的编年史。孔子最重要的两位继承人是孟子（公元前372—前289）及荀子（公元前313—前238），他们的著作翻译成法文，与《儒家哲学家》属于同一系列丛书。

② 一开始有五经，最后演变成十三经。这五经即《书》《诗》《春秋》《易》《礼》。殿试大约设立于公元前165年；自公元前125年起，儒家经典成为人才选拔的依据。法国是热衷于考试的国家，自大革命起，借鉴了中国精英选拔的理念，用以上方法创立任人唯贤的体制（后来皮埃尔·布迪厄对这个社会再生产的过程进行了批判性的审视）。在中国整个历史时期，这个考试体系受到了严厉批评，而批评者往往是韩愈（768—824）和朱熹（1130—1200）这样的伟大思想家。

运动[①]（该运动爆发于1919年5月4日，反对官僚体制的方方面面，包括文人使用的书面语）之后，官方文件使用文言文的强制规定也被废除。这种书面语的使用本身创造了一种文学表达类型，并上升为一种生存方式：不管是在思想层面还是形式层面，以古代智者为榜样，使用无人称方式，以不言自明、约定俗成的引文表达自我。从文言文系统地过渡到白话文，由于主体突然闯入美文世界，不管是表达上还是意识形态上，都会产生真正的混乱。用所谓“通俗”语言撰写的小说可以追溯到几个世纪以前，但是到了二十世纪和二十一世纪，通俗语言才得到普遍使用，铸就文言文表达模式的学说随之没落；而此前官方报告或者文人诗作都使用文言文，官方通过文言文发布信息，在书面语和口语之间来回切换的文人[②]则通过文言文记录自己的精神状态。

儒学浸润整个中国社会，即使无法直接阅读其典籍、聆听其智慧教导的社会阶层也深受影响。儒学的价值标准、道德准则、个人或集体行为规范绵延数千年，只是人们并不总是能够辨认其来源及缘由。服从上级、尊敬长辈、孝敬父母、“自我”

---

① 1919年5月4日爆发了一场大学生示威游行，强烈反对一战结束后凡尔赛会议所做的将山东省部分地区的主权赋予日本的决议。这是一个机会，让人们开始思考中国的处境、中国的政治与文化习俗，人们认识到，古老的社会与知识分子——儒学是现成的象征——使中国落后于征服她的“现代”国家。

② 关于文人书面表达的二分法，见蓝基（Rainier Lanselle）：《城墙背后的主体：有关中国传统中两种语言的问题》(*Le Sujet derrière la muraille. A propos de la question des deux langages dans la tradition chinoise*)，“群飞的昆虫：精神分析杂志”，巴黎：艾雷思出版社，2004年，第53、64、73页等。

隐退、道德约束与其他诸多品德一起构成这个庞大遗产的一部分，不管今天的人们如何评价这份遗产。在儒家各项优秀品德中，“自我修养”，即修己，也即不断寻求个人的完善，直到今天都占据举足轻重的地位。这就是为什么我们经常会发现，大部分中国家庭，包括散居世界各地的华人家庭，都非常注重书本学习①。儒家的道德理想在于逐步取得“好人”所代表的功成名就，集社会成功、高尚行为与真挚的情感于一身。在与他人打交道时，最重要的是表现得毕恭毕敬；如果这种尊敬只停留在表面，而不是发自内心，那么人们斥之为肤浅的仪式主义也就无可厚非了②。由于儒学影响深远，在中国传统中，礼的约束力量始终存在；而西方人固执地认为应该摒弃礼仪，他们没有看到礼仪具有利他的甚至是人道主义的价值，也没有看到支撑着礼仪的道德准则。

如果我们大胆做个比较，可以说，基督教在西方具有怎样的参照价值，儒学在中国就具有怎样的参照价值；基督教的参照价值尤其体现在去基督化的西方社会中。儒学深入渗透到中国人的行为与思想中，直到现在，即使叫不出这个学说的名字，中国人努力自我定义的时候，唯一的凭借依然是儒学。尊敬长辈、热爱学习、通过有意识地反省自己的行为与思想不断追求

---

① 法国教师经常注意到，来自亚洲汉文化圈的学生学习勤奋刻苦，并因此取得优异成绩。

② 《礼》是最初的五经之一。对礼持有最合理的看法的古代思想家是荀子，我们已经提到过荀子著作的法文译本。在孔子之后，荀子强调行礼的时候感情要真挚。最后（in fine）我们还会回到这一点。

自我完善、善意地关注别人并期望得到同等回报、做出正确的判断、注重礼仪等，这些品德都可以作为道德准绳。这些古老的准则可以追溯至孔子生活的公元前五世纪；有人认定中国目前面临道德解体——我们还会谈到这一点，在中国作者看来，这是因为中国人忘记或者放弃了以上准则。在我们生活的年代，所有中国作者，不管是政治家还是文学家，都根据这个知识、伦理标准来评判他们所处的世纪。孔子及其著述依然是、一直是中国人身份最显著的标志[①]。

所谓“战国”（公元前453—前254，起讫时间有争议）时期经历了百家争鸣，各个学派的导师在此后很长一段时间里将会锻造——如果不说是形塑——中国人且主要是中国文人的精神。最著名的反对派思想家老子撰写了古代最离经叛道、标新立异的著作。这部著作一开始以老子的名字命名，之后才命名为《道德经》[②]。《道德经》的三个古代版本众所周知，第四个版本诞生于汉朝，刚刚面世，但是目前没有在中国出版。道家一开始并没有构成真正意义上的学派，而是由三个思想家（老子、

① 中国政府在海外设立中国语言文化传播中心（相当于法语联盟），叫作“孔子学院”。如今在法国大概有15所孔子学院。全世界如今有超过500所孔子学院。

② 法文译本一般译为vertu。由于这个词在现代法语中可能引起误解，我们建议翻译为efficience。在此我们参考的是我们发表于2008年的译本《〈道德经〉——根据王弼、马王堆、郭店三个完整版本所做的新译》（*Le Daode jing*，*«Classique de la voie et de son efficience »*. *Nouvelle traduction d'après les trois versions completes: Wang Bi*，*Mawangdui*，*Guodian*），巴黎：昂特勒拉克出版社，共281页。

庄子、列子，管子不算在内）创立于公元前四世纪和公元前三世纪之间。这个学说在帝国[①]初期被视为哲学，因此也是一种思想学派，后来在公元纪年初期转变成宗教。这个学说因此拥有了道士团体、朝拜仪式、复杂的礼仪以及穿越数世纪流传至今的典籍。随着中国人的政治—宗教情感潮起潮落，道家时而成为受害者，时而成为压迫者。信奉道家如今得到政府许可，但是也受到监管。对道的崇拜与长生不死术的修习相关，这种修习的某些方面已经得到西方人的认可，在中国则一直备受追捧；道家养生术包括药品的炼制、体操（气功、太极拳）、饮食与呼吸，甚至包括格斗术及房中术[②]。道家的自我定义是通过与儒学针锋相对实现的：儒学通过社会融合与伦理追求来自我定义，道家则是追求与**道**合一。隐士、隐匿的智者、疯子、出格的人以及退隐的政治家等人物在道家学说中占据举足轻重的地位。所有这些人物都显得与常规格格不入（paradoxal）——这个词语的本义即蔑视**常理**。老子是敢于说不的人，他拒绝礼仪，拒绝道德，拒绝人们掌握必要的智识（savoir intellectuel）所需要的一切工具。老子及其继承人倡导直觉，将直觉视为了

---

① 部分西方学者认为，中华帝国虽然历经朝代更替，但是帝国的政治、哲学体系初创于秦朝，确立于汉朝，并由后来的朝代继承、发扬。——译者注

② 中医、饮食与武术一开始并不属于道家。但是当支撑它们的意识形态体系在某种程度上被道家学派理论家独占的时候，它们也就属于道家了。相关的论著汗牛充栋、良莠不齐，无法一一陈述。优秀论著可见卡特琳娜·戴思博（Catherine Despeux）：《作为武术与长生术的太极拳》，巴黎：吉·特雷达尼埃出版社，1990 年，共 316 页；另有同一作者的《周履靖的气功：〈赤凤髓〉》，巴黎：吉·特雷达尼埃出版社，2011 年，共 288 页。

解人物、通晓事物奥秘的方法；他们不喜欢通过理性了解人与物，因为这种方法不求与道合一，而是将人、物解剖之后进行分析。与儒家的道德标准不同，道家的重要思想即认为知识、观点是相对的，因此所有**表述**（énonciation）也都是相对的。在这个意义上，我们可以说，道家反对智识主义（anti-intellectualisme），拒绝所谓既定、公认的真理，总是与儒家针锋相对。自然成为智者行为的指南：智者努力表达他身上一切与自然密切相关的东西。儿童的形象非常重要，儿童接近生命起源，因此也接近上天赋予人及其他生物的本性。其他道家大师着力于征服自然，认为人拥有足够的天赋，可以和神仙一样长生不老，但是这个学派的哲学家——如庄子和列子——拒绝并严厉驳斥了这些妄念。神仙的形象跻身神灵与英雄组成的殿堂，充斥着道家的想象，在几个世纪里，道家艺术从方方面面对此进行展示。

除了道教协会，当今中国还存在道家思想研究协会，这个协会肯定了道家学派的哲学、文化价值。在西方古典哲学即古希腊罗马哲学中，我们找不到与道家思想相对应的哲学流派，只有在同样信奉自然主义的前苏格拉底思想，甚至在同样持坚定的相对主义论的皮浪怀疑论中，我们可以找到类似道家思想的东西。但是没有任何东西可以作为既内在又超越的实体与道相提并论（中国思想更多的是内在的而不是超越的，因此他们对全能上帝的概念毫无兴趣，就像我们接下来所说的那样）。道的本性不仅仅是无限的，而且是未定的，也就是说，道顽固抵抗一切特征描述，道的宏大不可言喻，任何特征描述都会使之变得渺小[1]。

中国古代是一个多姿多彩、动荡不安的漫长时期，众多思想学派百花齐放，与几乎同时期的古希腊相比，其盛况有过之而无不及。一直到21世纪，这些思想学派还在不断滋养着中国文人及中国领导人的政治社会观念。例如，毛泽东在创造农民战争理论的时候，吸收了孙子的很多战略观点，后者因为撰写《战争的艺术》[2]而闻名于世。说实话，毛泽东领导的农民战争与战国时期诸侯之间的征战并没有太大的关系，但是我们如果运用图片形象地展示相互对抗的军队之间的强弱关系，就会发现，孙子兵法所蕴含的军事战略具有一定的稳定性，因而得以长盛不衰。

人们错误地认为，中国人不关注形式逻辑。的确，这个国家的思想家不看重词语的艺术与技巧，形式逻辑确实没有立足之地！原因可能在于以下事实：在中国，哲学论述即是老师的言语，在老师的独白中得到生动的阐述，而老师的独白通常被粉饰成老师与弟子的对话。在希腊，平等市民之间经常公开对话或者辩论，他们的论证只建立在理性之上；在中国，情况与之不同：文人与君主或者大臣之间的关系首先是一种权力关系，这种权力关系也出现在师生关系中。权威

---

① 我们在道家思想中看到从斯宾诺莎开始的西方古典哲学不言自明的一个定论：一切定义都是一种限制，所有限定都是一种否定。我们知道，这也是西方神秘主义——尤其是莱茵河流域的神秘主义者——共同持有的观点。

② 见《孙子兵法》，让·勒维（Jean Lévi）翻译、评注，杜德兰（Alain Thote）选择插图并辅以文字说明，巴黎：新世界出版社，2010年，第25页及以下。

话语在某种程度上被神圣化了；这样的话语不论证，而是强行给出定论，借助鲜明的形象阐明观点。然而，我们时常可以看到演绎的逻辑，尤其是通过类比进行的演绎；在中国人的推理中，论证的成分不及类比。只有到了后期，文人之间彼此争论时才会摆出论据进行针锋相对的辩论，而这种事绝不可能发生在古代宫廷里。此外，定义不存在于论述或者论文中：人们通过一个又一个的形象逐渐从一个定论过渡到另一个定论，以便确定一个术语或者词组的语义范畴。他们由此得到一个概念，这个概念一开始是模糊的，但是其意义足够表达相关论述。因此中国人很少谈论**严格意义上**（stricto sensu）的概念。中国思想家使用一套相对有限的词汇，但是每个人——至少是每个学派甚至是每个思想家——都有自己的独特用法。在公元前三世纪左右的某一天，两部伟大的著作提出了同一个问题，思考词语的排序以及词语、句子、论证的形成。《荀子》与人们所称的《墨经》（被认为由墨子后期门徒所撰①）试图解决或者至少提出以上问题。荀子的论文是“古代中国存留至今的有关名的讨论中最有条理，逻辑最

① 我们之前提到的《荀子》第十二篇（译本见前文所提到的版本，第1143页及以下）以及《墨子》第四十到四十五篇（延·琼斯通译，香港：香港中文大学，2010年，第374页及以下）。而后，公元一世纪汉朝时期，王充的《论衡》也出现了三段论，目前法国已有《论衡》法文节译本，分别由左飞（Nicolas Zufferey）出版于伽利玛出版社、马克·卡里诺夫斯基（Marc Kalinowski）出版于美文出版社。

严密，也是结构最合理的”，一位专家[1]如是评价。《墨经》有接近亚里士多德学派的三段论（通常以联锁推理的形式出现），也有推理、追根究底等。中国没有亚里士多德式的逻辑学家，但是她拥有真正的基础逻辑科学，很多人（首先是耶稣会传教士）没有真正认识到这一点。但中国人自己确实没有给予这些逻辑学家应有的重视。

辩证学家与“诡辩派”（西方人使用这个希腊名称来指代那些**喜欢争论的人**）的贡献在于对语言、推理与悖论进行思考……他们甚至受到其他文人的攻击，后者指责他们言语荒诞。比如，我们可以像公孙龙那样说“白马非马”吗？既然我们知道存在**马**与**白色**这两种词语与事物，并且两者相互独立，那么我们就不应该将两个实体混为一个。荒诞——存在于同一时期古希腊犬儒主义者和怀疑主义者那里——用于严肃地思考常见理性中的先验推理（a priori）。我们看到，在中国众多道家或者诡辩派作者的相对主义中出现了绝对怀疑主义的苗头，这种怀疑主义类似于犬儒主义，至少是为犬儒主义的可能的出现打开了一扇大门，更不用说提供政治出路了。

因此古代中国关注的不是真理而是道，也因此无须忍受真理与教条的束缚。在古代各个思想学派中，真理与谬误并非中心问题；中国思想注重真理与谬误，但是各个学派却提防或者各自忽略了它们。人们之所以专注于真理与谬误，更多的是

① 何莫邪：《中国的科学与文明：语言与逻辑》（*Science and Civilisation in China. Language and Logic*）第 VII—1 卷，第 1 部，剑桥：剑桥大学出版社，1998 年，第 326 页。

与其社会根基有关，而不是与它们在一段陈述中的内在逻辑有关。高效灵验的东西，也即适应特定时间、特定情况下特定对象的东西，就可称为“真实的”东西。从此以后，真实只存在于相对性中，每个思想学派即使不是带着怀疑，也是非常慎重地思考真实。道家嘲笑那些自称能够辨别真伪的“智者”，墨家更多地关注有用的推理而不是正确的推理，儒家通常考虑合乎伦理的行为而不是合乎逻辑的行为（尽管孔夫子热衷于正名）①。诚然，就像我们看到的那样，中国人注重权威论据，但是由此得出结论，认为中国人没有对真实问题进行论述，那就大错特错了，尤其是在我们阅读了西方人不大了解的几部著作以后。此外，这个国家拥有历史禀赋。历史是一种由神圣化了的事件——以榜样姿态出现的列祖列宗也是如此被神圣化了——构成的理性。在个人或国家生活中，历史是已经经受住考验的真理，总是被视为**榜样**、未来行动的指南、有待遵循（或者不遵循，视情况而定）的道路。此外，对于能够敏锐地意识到重大事件的历史性的所有中国文人而言，历史还是“科学的皇后”（李约瑟**如是说**）。就像伊本·赫勒敦指出的，历史或许是在民

① 弗朗索瓦·于连说得好：“中国思想不以真实为目标，不将真实视为整体概念，不将真实视为真理”，见《智者无意，或者是哲学的他者》(*Un sage est sans idée ou L'Autre de la philosophie*)，巴黎：瑟依出版社，1998 年，第 96 页。道家或许会将洛特雷阿蒙的如下格言纳为己有：“虚假的东西都不真实。真实的东西都不虚假。一切都是梦想与谎言的反面”，见《诗集 II》(巴黎：伽利玛出版社，“七星文库”，2009 年，第 294 页)。关于中国与希腊的真实，见前面所引何莫邪的书，第 194 页及以下。

众中传播最广泛的知识科目[①]，但是历史在中国呈现了独特的面貌，因为中国赋予这门与其书面文学几乎同样古老的科学以独特地位。史学的权威形式由汉初伟大历史学家司马迁（公元前145—前90）最终确立，自此以后就一直在智识活动中保持西方史学所没有的崇高地位。严格地说，正史的书写不属于某个思想学派（虽然帝国时期的历史学家几乎都是儒家学派的文人；他们属于儒家，主要是职责所在，而不是信念使然），但是它将过去的时代及其众多英雄经典化。正史提供了一个不断得到确认的真正的政治、道德理想；此外，它行使了身份认同功能，让读者意识到自己是中国人，从而与已知世界的其他人区别开来。最后，它还能巩固政权，更确切地说，可以使政权合法化（每个王朝都要命人撰写前朝历史）。正史是敌对力量互相对抗的舞台，通过叙事呈现了**阴阳**之间不断循环的对抗与和合。正史也属于中国文明特有的循环时间观，而时间被视为**周而复始的**过程。撰写与阅读正史所产生的智识结构嵌入中国人的思维模式，让他们借助回顾历史事件而不是展望未来进行思考（尽管这并不能阻止他们在占卜的时候展望未来）。与专供皇帝御览的历史即所谓**正史**相比，文人以个人名义所撰写的非官方历史（其实就是对历史演变的原因进行思考，并对此下道德评判）在形式上有所不同，在内容上则没有区别。人们认为，史学在中国的影响可与宗教在基督教西方的影响相提并论，这

---

① 伊本·赫勒敦：《历史绪论》第三部分《自传》之《榜样之书》第I章，阿布戴斯兰姆·查德达迪翻译、介绍及作注，巴黎：伽利玛出版社，“七星文库”，2002年，第251页。

是有道理的[①]。史学在中国有时候隶属于神圣范畴，此外，它还具有重大的哲学影响力，因为它很早就产生了“历史哲学”，这种哲学将君主打造为**天子**，即拥有来自上天的超越力量的人。天子扎根于神圣化的列祖列宗之中，确保国家与君主的身份。至于历史时间，它像社会时间、自然时间一样具有两个相互补充的特性：偶然性与恒常性。

在中国人对时间的思考中，“时”这个概念占据主导地位，可以追溯到《易经》（见第二十四卦注解）。这个概念描述一个事物出现的时机与环境相契相合，如果主体能够待时而动、顺势而为，必定成功在望[②]。这个时间主要是社会时间，因此也是历史时间，为即将采取的行为提供解释与忠告。李约瑟中肯地指出：中国人既有非连续性的时间，也有连续性的时间。连续性时间主要是宇宙的时间，因此也是恒久的时间。这

① 司马迁：《史记》之《列传》，由雅克·班巴诺译自汉语并作介绍，阿尔勒：菲利普·毕基耶出版社，2002年，第25—26页。也见汪德迈：《中国的历史概念》，载《今日中国思想》，程艾兰与让-菲利普·德通纳克主编，巴黎：伽利玛出版社，秀珍书丛（未出版的散文），2007年，第47—74页。乔瑟芬·李约瑟也指出，中国人是所有人民中最具历史感的，“中国拥有古代最伟大的历史传统”。

② 有关中国人的时间观，见弗朗索瓦·于连：《论“时间”：生活哲学要素》（*Du « temps». Eléments d'une philosophie du vivre*），巴黎：贝尔纳·格拉赛出版社，“哲学学院”文丛，2001年，共211页，又见乔瑟芬·李约瑟讲座文稿《时间与东方人》，载《中国科学与西方》，由欧也妮·雅各布译自英文，巴黎：瑟依出版社，1973年，第145—222页（有关中国时间的连续性与非连续性，参见第159页）。“圣人之见时，若步之与影不可离”，公元前三世纪，兼收并蓄的思想家吕不韦在其著作专论时机的段落（第十四章第三节）中如是写道。

是真实的具体的时间，绝对不是抽象的时间。这个时间与四季的运转相关联，它虽然循环往复（因为循环往复？），却是多样性中恒定性（constance）的具体表现。持久性既不是不变性（immuabilité），也不是永恒性，后面两者都是中国人所没有论述的。时间同时包括适当的时机、时段、瞬间、周期、源头等。我们很清楚中国时间的特征，在某种程度上也清楚中国历史的特征，我们也很清楚它们与西方的不同之处；累积的线性的时间主宰着西方，承载着历史“进步”观，除了个别人，中国思想家几乎没有这种观念。总体而言，在远东，人们通过阶段和时机来思考时间。从遥远的过去到从此似乎一目了然的——至少在智者眼中如此——可预见的未来，中间的波状连续时间，人们也是透过阶段和时机来思考的。中国的时间、空间观念在很多方面与我们有所不同；这种观念让我们感到惊奇，抽象的、与事件及人物相互冲突的亚里士多德时间有时候也在它面前甘拜下风。

相对于中国的悠久历史而言，这个国家的文化基础确立得比较早；但是如果考虑到，要经过一个漫长的时期，中国才能在公元前五世纪和公元前三世纪之间迎来文学与哲学的大繁荣，那么其文化基础的确立又是相对较晚的。从意识形态的预设来看，中国对我们而言是彻头彻尾的他者，但是从这个国家通常思考的问题来看，她跟我们又可能有共同之处。如果我们不把持久存留在当代中国人大脑中的基质考虑在内，那么我们绝对不可能了解中国；如果我们没有注意到以上基质正在逐步瓦解，那么我们也无法走得更远。为了穿越这片大多时候将我们分开、偶尔将我们联结在一起的空间，最好努力理解其中的加密信息；教育便是通向这个目标的康庄大道。

2. 为什么我们不了解中国？

我们很容易对形势做出判断。在法国国民教育大纲中，中国语言文化教学所占的分量微乎其微，几乎是一片荒漠，这在很大程度上解释了为什么当今法国社会不太了解中国。要倾听中国人的心声，不一定非得要读中文、说中文，但是读中文、说中文对了解这个民族大有裨益。人们只有对汉文化圈有了最基本的了解，才有可能对中国的语言与文化、经济与政治等方面进一步深入研究。汉学[①]通常为人们完全沉浸在**中国性**中做好铺垫。为了让法国大众了解中国，培养中国研究专家（语言学家、社会学家……）是一个必要但非充分的阶段。我们希望大部分法国人对于中国能够形成自己的看法，而不是拾人牙慧。想让法国公众对众多知识领域形成自己的论点，给他们提供充足的论据非常重要。另外，汉学家本身也有自己的中国镜像（透过这个镜像，他们在中国身上看到自己，也借此将自己与中

---

① 出于某种原因，这个词屡次遭到质疑。汉学只用于指代中国文本尤其是古典文本的阅读。中国研究，尤其是现代中国研究，可以运用西方语言——主要是英语和法语——来进行。运用这一方法的，可以是小说家、记者等，不一定是“汉学家”。而汉学家不总是**中国观察家**（China watchers）。

国区别开来）；因此在分析中国的时候，他们总是有意无意地到处兜售这个镜像。针对中学汉语老师所做的调查显示，他们之所以选择这项职业，是因为他们有很深的中国文化情结[①]。

法国小学阶段基本没有开设汉语课程，只为特定的社会阶层开设汉语启蒙课，不过这种情况非常少见。我们知道，至少在小学，英语占据绝对优势，德语和西班牙语则是小语种。有些华裔儿童想要初步或深入学习父辈、祖辈的语言，有专门为他们开设的汉语课程；这种做法常见于华人聚集区（比如巴黎某几个大区[②]）。这类汉语课程并非面向全体法国人，其费用不由国民教育部承担，因此不在本书讨论范围内。上千名小学生在初级教育阶段接受了汉语口语（普通话）启蒙。

汉语教学在中学阶段的发展尤其耐人寻味。尽管汉语课程是由学校决定开设的，家长和（或）学生却有意识地选择了它。2011—2012 年度，法国大约有三万名初、高中学生注册修习了各个层次、各种类型（汉语作为第一或第二、第三外语）的汉语课程。近年来，学习汉语的学生人数显著增长，特别要注意的是，十个学生中有九个母语是法语。因此，不是讲汉语的孩子出于便利选择汉语课，而是法国学生主动选择了汉语课。在中学生学得最多的语言中，汉语排名第五，超过俄语和阿拉伯

① 见舒长英（Shu Changying）：《法国非本土汉语教师：旅行，映像，身份，侧影》，巴黎：欧洲大学出版社，2012 年，第 3 章。

② 在巴黎第三、十一、十三区以及十九、二十区有大量中国人社群。他们的籍贯非常多样，他们通常来自中国东北、浙江（温州），也有的来自信仰共产主义的东南亚国家（越南、柬埔寨、老挝），均于二十世纪不同时期移民到法国。

语，连续十年以每年接近30%的速度增长。学习汉语的学生人数增长最快，并且还在持续增长。与人们对它的称呼正相反，汉语不再是一门“小”语种（如果参照全世界说汉语的人数，这个词就更加具有讽刺意味了！）。从此以后，教授中国语言文化的教师人数再也无法满足日益增长的需求[①]。然而，以研究、倾听中国为职业或者至少以此为文化抱负的人正是诞生于这个摇篮之中。显然，学习汉语的学生人数远远无法满足日益突出的需求。

在中学阶段，有关中国的教育不局限于语言学习，还包括中国历史、哲学启蒙。然而，在法国初高中教授的世界历史中，中国历史所占分量非常小，而且处于整个课程的末尾，不属于重点内容，人们通常没有时间也没有欲望去阅读；中学生眼中的中国形象正是诞生于这份空白之中，并对他们今后的人生产生影响。在初中阶段，据我们所知，只有初一年级在课程（2009）最后对中国做了初步介绍[②]；接下来的课程一直到初三都没有涉及中国，但是这部分课程却非常关注世界“重大经济实

① 2011—2012年度、2012—2013年度，初中教师任职资格证书（CAPES）考试以及中学、大学教师资格会考“暂停”。目前，我们还不知道未来几年会不会开考。此前，每年大概有两到四个岗位提供给通过会考取得大学或高中教师职衔的人。值得一提的是，大学、高中教师资格会考以路易十四派出的传教士所描述和夸耀的中国科举考试为模板，于1766年在路易十五治下开设。

② 贝兰（Belin）出版社的教材总共320页，有关中国的内容占了2页；阿蒂耶（Hatier）出版社的教材总共320页，有关中国的内容占了4页；马格纳（Magnard）出版社的教材总共336页，有关中国的内容占了4—5页（其中一半是插图）。到了初三，有关中国的内容直降为零。

体”，即美国、日本及欧盟。到了高中阶段，在高一，人们关注“世界历史中的欧洲人”（远东地区完全被忽略，因为它可能算不上“世界”的一部分）；一直到毕业班，都没有中国什么事儿了，因为唯一被关注的“世界”是被欧洲殖民化、继而去殖民化的世界。根据最乐观的估算，一个法国中学生在漫长的学习生涯中只花了一个小时来学习中国文明。

中国在世界图景中缺席，这不过是欧洲中心主义的体现，这种欧洲中心主义很好理解，而且绝不是我们国家独有的。在法国官方教程中，最好的情况是，中国被视为“遥远的国度”，人们应该对此投以“一瞥”（官方教程指南白纸黑字如是写道）。出于宗教原因，古代**世界**（真正的世界）可以概括为埃及、希腊、罗马乃至以色列。我们如何理解一个国家与民族，如果我们对她的地理边界及文化历史所知甚少？中华文明是最悠久的文明，而我们对此知之甚少，因此法国人对中国的看法不管是积极的还是消极的，都好像雾里看花、如梦似幻。他们对中国语言及中国文化的看法也是如此。

更严重的是，高中毕业班的哲学教育中没有中国哲学课，哪怕是中国哲学入门课。我们翻阅过的所有教材几乎都没有提到可能存在一种与地中海欧洲完全不同的哲学文化。哲学课程仰赖《西方文化与思想问题汇编》（博达斯出版社出版的教材 Verbatim[①]）。重点高校文学专业的预科班也没有教授中国哲

① 该词源自希腊词语 verbum，做副词用，意为“逐字逐句地”“按照原文地”。——译者注

学[①]。也就是说，学生们——包括即将进入重点大学求学的学生——对东方思想连最基本的了解都没有。大学低年级世界哲学与文学专业的课程有待考察。这也就意味着只有古代地中海沿岸的思想才配得上思想的称号。我们甚至可以认为，十八、十九世纪的哲学家（我们想起黑格尔和莱布尼茨，他们研究过东西方之间的差异）在这方面比当代哲学家思想更开放[②]。我们检阅一下当代哲学著作，事情很明显：除了极个别例外，它们几乎不论及中国。可以说，大多数当代哲学家有意地、自觉地忽略了中国。今天与前几个世纪的明显不同在于，阅读中国文本的工具存在了几十年，人们在认识中国的时候不会受到耶稣会士充满偏见的著作的误导而产生偏差。因此，当代哲学家的做法无异于公然漠视中国哲学这种智识，并且有意“取消其参赛资格”。

法国的汉语教学可以追溯到十九世纪初（1813—1814 年法兰西学院开设了欧洲第一个汉语—鞑靼语—满洲语教席，1840

---

① 幸好，我们注意到，当前有极个别出版物对人们约定俗成的“经典”哲学家及哲学话题做了补充。见 2012 年爱丽普斯（Ellipses）出版社为预科班出版的哲学教材。

② 雅克·德里达认为，中国没有“哲学”，只有“思想”；中国思想的基本原则迥异于希腊哲学。中国在莱布尼茨和黑格尔的著作中打下了深深的烙印，而马克思对此基本不感兴趣。关于戈特弗里德·威廉·莱布尼茨，可见他于 1715 年写的《致信德·雷蒙先生论中国哲学》，他在其中一个段落如此作结：“不管是在孝道上……，还是在科学上，古代中国人远远超越现代人。”值得一提的是，1703 年，莱布尼茨在理解《易经》——主要由耶稣会士传教士阐释——阴卦、阳卦的基础上发明了二进制算术体系。

年巴黎东方语言学校开设了汉语教席[①])。目前大约有十五所高等院校设置了比较完备的汉语专业课程[②]，有四千名以上的大学生从中受益。在各类不同课程中，不管语言与文明占据主要地位还是次要地位，始终要考虑的重要因素是能够接触到中国文化。学生人数显著增长，我们在中学阶段观察到的日益增长的需求必然导致这样的结果。尽管如此，在高等院校学汉语的大学生还是相对较少。然而这在法国的外国语言文化学习中算是正常的现象。我们显然需要继续往这个方向努力，但是我们目前观察到的大学教学岗位的设置却远非如此。

如何解释法国人对汉语的这种热情？在这方面自然存在时髦效应，就跟文化领域的其他方面一样。我们只讨论第二次世界大战结束以后的那个时期：1949 年中国登上世界舞台对很多西方人而言是一个重大的冲击。1964 年戴高乐将军承认了这

① 《情感教育》的主人公去法兰西学院听一小时汉语课（见《情感教育》第一部第 3 章）。在同一时期，泰奥菲尔·戈蒂耶的女儿们跟一个中国文人学习汉语；福楼拜在 1865 年 5 月 2 日的信件（见《通信集》）中讲述了他在戈蒂耶家里的见闻。克洛岱尔和龚古尔兄弟也分别在《法国诗歌与远东》与《日记》（第七卷第 78 页）中提到这一点。朱笛特·戈蒂耶在中国老师的帮助下翻译了很多中国文学作品，其中包括中国诗集，她还撰写了远东游记，其中包括 1911 年出版的《中国游记》(*En Chine*)。她嫁给卡图尔·门德斯，是雨果和瓦格纳的灵感女神。汉学引导人们走向任何地方，有时候引人抵达中国。

② 其中包括巴黎七大、巴黎东方语言文化学院，埃克斯－马赛第一大学，里昂三大等。从官网来看，这些学校的中文课程比较完备，包含了博士阶段的课程。

个政权，标志着西方思考与看待中国的方式进入一个崭新的阶段：中国不再是落后的被侮辱的国家，而是成为举足轻重的民族，加入世界大合唱中。艾田蒲划时代的著作《我们认识中国吗？》就出版于这个时期，并大获成功。“文化大革命”（1966—1976）的爆发及其引发的社会动荡随后催生了法国人对中国的热爱，也催生了对中国文化持理想主义看法的**汉学**。在法国人看来，中国人似乎要将中国文化推倒重来。根据当时的说法，博大精深的中国文化似乎被丢到整个世界面前，以便更好地接受批评。法国大学（不仅仅是索邦大学）抓住了要害；没有什么比回归原文更重要了，尤其是回归毛主席著作原文。他的作品由派遣到“长鼻子野蛮人之国”的中国教师教授[①]。而在最近十年里，法国人学习中国语言文化的持久浪潮显然与具有深刻政治内涵的环境毫无关系。就我们所知，中国经济的快速发展在其中扮演了重要角色，因为中国经济发展为具有巨大增加值的知识型工业与服务业提供了光明的商业前景[②]。不过，随着这种前景越来越明朗，还应该好好考虑它所带来的效应。中国产品不仅占据法国市

① 笔者经历过这个疯狂的年代。我们不能将汉语学习与当时的政治背景截然分开。在那个年代，法国知识分子齐声颂赞中国，菲利普·索莱尔斯的《原样》在其中发挥的作用众所周知，我们也不要忘记 1968 年五月风暴的影响。

② 有人对中学生选择汉语课的动机进行调查，但是没有得出有启发性的答案。主流观点认为“中国就是未来”。然而，是什么样的未来，哪方面的未来？显然这个观点没有多少说服力。

场，它们还渗透到法国人的大脑中，因为法国人对生产这些产品的中国文明产生了兴趣。我们同时观察到，法国人越来越需要来自中国的有关饮食、体操、药物等方面的课程与书籍。自然，这些追求往往反映法国人是在寻找异国情调（如果不说是神秘的学说）而不是文化信息，但是它们导向一种真正具有培训价值的调查研究，只要这种调查研究采用了优秀的教育工具。

未来几年，这种需求肯定会持续增长，公共机构、私营机构如果足够明智，就要考虑到这种需求。适应市场需求才是金科玉律，私人机构不得不比国家部委更快做出反应[①]。中国对经济全球化的世界尤其是对法国的影响越来越大，我们需要做的比国民教育部目前要求我们做的更多[②]。并不是所有人都会无视这些空白。很久以来，人们交换着无知，却声称能够通过过多的“**异域**”形象来填补知识上的匮乏。他们的目标在于将中国描绘成来自遥远世界的老旧照片（见上文提到的国民教育部的官方指示），而且是与陈列在博物馆或古董商店的艺术品息息相

---

① 像法国电力集团这样的大企业以及法国兴业银行这样的银行已经在中国稳稳扎根，拥有专门的汉语培训课程，以便为将来的外派工作人员提供培训。

② 有关汉语教学现状，主要是高等院校的汉语教学现状，请见纪野（Gilles Guiheux）：《中国的在场与中国研究的未来》，载《中国研究》（*Etudes chinoises*）特刊《研究与传播中国》，2010 年，第 11—23 页，亦可见《中国视野》（*Perspectives chinoises*）过刊，2000 年，第 59 期，第 53—57 页。

关的固定不变的形象（见“永恒”中国的神话）[1]。中国艺术品或者中国技术不仅应该是遥远的（这还不是必不可少的），它们还应该是未被理解的，如果可能的话，还应该是无法理解的，这保障了其有效性。比如，我们应该注意到人们对中医、身体技术（techniques du corps）（气功、太极拳、武术等）以及宗教（或者被视为宗教的，比如家庭范围内的佛教或者道教信仰）所表现出来的强烈热情。自十八世纪以来，异国情调（主要是东方异国情调）即意味着魅力（即便不说是情色）。直到今天，人们依然可以在文学及某些秘密宗教中体会到这种异国情调[2]。我们之所以如此无视中国，是因为为了更好地、恰如其分地利用

---

① 朱利安·格拉克在《对话》（*Entretiens*）（巴黎：若泽·科尔奇出版社，2002年，第232页）中写道：异国情调与博物馆文明息息相关。中国与波利尼西亚是维克多·谢阁兰撰写《论异国情调》的缘由。他将异国情调与欧洲人投向世界的殖民者的眼光相联系；这是他所处的年代使然。弗朗索瓦·于连为保罗-路易-菲利克斯·菲拉斯特翻译的《易经》（1885）作序，关于《易经》的阐释，他说起“异国情调的可亲的妄想”（巴黎：祖尔玛出版社，1992年，第6页）。于连在《猴子之桥：关于未来的多样化，面向国家身份的文化生产力》（*Le Pont des singes. De la diversité à venir. Fécondité culturelle face à identité nationale*）中谈到越南的时候再度提起这个话题（巴黎：伽利略出版社，“辩论”文丛，2010年，共63页）。

② 直到十九世纪，出于众所周知的历史原因，异国情调主要指近东（土耳其或者阿拉伯）的异国情调。这种异国情调可见于萨德的《客厅里的哲学》（米歇尔·德隆等人出版，巴黎：伽利玛出版社，“七星文库”，第三卷，1998年，第33页及后），也可见于狄德罗作品、孟德斯鸠的《波斯人信札》，拉克洛的《危险关系》（见卡特里奥纳·赛特编选、作注的版本，巴黎：伽利玛出版社，“七星文库”，2011年，第833页，第四封信的注释1）。鸦片战争以后，中国拥有了自己的位置；中国的色情文学扮演了自己的角色，就像艾田蒲所证实的那样。

她，我们有必要低估她。

人们没有充分认识到西方对中国欠下的债务。这种态度甚至出现在知识分子身上，导致人们看不到在世界的这两部分之间架起桥梁的可能性，这两个世界即使已经知道彼此的存在，却并不互相了解。这种相互之间的不了解由来已久。

3. 长期误解之简史

尽管欧亚部分国家自古以来就知道了中国的存在，中国却始终不被理解。直到十九世纪，中国和欧亚国家依然互相不理解。一个国家的人民只有先了解自己在这个广阔世界所占据的位置、扮演的角色，才能了解其他国家的人民。正是从这种先验观念出发，我们才能面对他人，创造自己的乌托邦[①]。为什么中国人在很多方面与世界保持距离？要解开这个奥秘，或许可以在中国人一直以来对自己的看法中找到部分答案：他们一般认为自己与欧洲、太平洋及后来的美洲国家没有任何关系。中

① 夏多布里昂认为，乌托邦不考虑过去、历史、事实、风俗、个性及偏见、激情。乌托邦是自己的梦想所带来的魅惑……见《美洲旅行》，载《小说及游记》第一部，巴黎：伽利玛出版社，“七星文库”，1969 年，第 883 页。此外，夏多布里昂从未曾对中国及中国人产生过兴趣。

国没有或者几乎没有倾听世界各地的声音（佛教除外）[①]，世界也报之以冷漠。

公元二世纪，东西方开始了繁忙的贸易往来，历史似乎从此拉开序幕。东西方两个帝国蓬勃发展却互不了解。罗马拥有欧洲大部分土地，在阿德里安以及马克－奥雷尔统治时期，将自己的语言与法律推广到整块大陆。罗马商人比罗马士兵走得更远；他们深入中亚腹地及其他地方，有些人甚至在帕尔特人与印第安人的帮助下抵达丝绸之国。在同一时期，中国处于汉朝（公元前206—220）统治之下，这个伟大的王朝创建了真正的国家机制，并用自己的名字命名中国的语言与人民[②]。丝绸可能最早从中国销往地中海沿岸，西方最早称中国为秦，正如我们所知，这是创建于公元前221年的中国第一个王朝的名称[③]。实际上，自登基以来，汉武帝在中亚连年征战，使中国与罗马、近东的交流成为可能，由此使丝绸及

---

① 古代中国人认为，地是方的，周围环绕着大海和陆地；天是圆的，由几根柱子支撑着，像龟壳一样罩着大地。野蛮人居住在方形大地的角落，没有被天遮盖着。中国位于方形的中心，组成中国的各个王国名为“（世界之）中央王国”。中华帝国保留了这个称呼，意为“中央之国”。中国这个名称保留至今。

② 中国人自称为“汉人”，中国语言叫作“汉语”。汉朝最初几个皇帝如汉武帝（公元前140—前87）为这个国家创建的机制大多流传后世，直到1911年帝制覆灭。

③ “秦”的发音接近Ts’inn，在印欧语中衍生了很多名词，“China，Cina，Chine……”，这些都指代中国。因为受到蒙古人的影响（蒙古人统治中国期间被称为鞑靼），俄语用Kitaï（契丹）指代中国，其发音与“秦”相差甚远。欧洲古代文献也称中国为“契丹”（Cathay）。

其他商品正式、大规模流通成为可能。根据考古发现，早在公元前六世纪，中国人开始种桑养蚕。丝绸贸易的时间很难确定，因为墓穴中的古老丝绸早就消失殆尽，只有碑文、货币及历史文献记载了这一切。最早的丝绸贸易可能始于公元前六世纪。考古学家在罗马时期的小亚细亚发现了中国货币，证明那个时期的中国商人或者他们的代理商就已经将以丝绸为主的商品卖到远至古代腓尼基的地区。在中国领土上发现罗马货币，证明在古代这一时期中国和罗马的货币交换是相互的①。罗马和中国作者都提到了位于欧亚大陆两端的这两个国家之间的贸易。老普林尼以及托勒密就是这样，由于种种原因，他们间接了解了赛里斯（serica）——即"丝绸服装"——之国。普林尼在公元一世纪解释道，赛里斯人（Seres）采摘树上（Sic）白花制成丝绸②。

"丝绸之路"这个词语出现在近代，始于十九世纪。实际上，自公元前二世纪起，汉朝不断在帝国北边、西边以及南边（比较少）开疆拓土，中国人借此尝试将他们的商品出口到中亚。在中国与其他民族（首先是亚洲其他民族）的关系史上，应该给这个时期立一块丰碑。由于经济与政治的双重原因，中

---

① 见让－皮埃尔·德雷日：《丝绸之路：风景与传奇》，巴黎：艺术文库出版社，1995 年，共 288 页。

② 《自然史》，第六卷第五十四章。尽管罗马人已经了解了棉花，但是普林尼说的更像是棉花的采摘。文本提道，"他们给羊毛的森林浇上水，将白色的绒毛从叶子上摘下来"（J. 安德烈、J. 费里奥扎特翻译，巴黎：美文出版社，1980 年，第 32 页及注释 1）。

国领导人与中国人民第一次转身面向外部世界。汉帝国一要巩固受到北方野蛮人匈奴侵扰的边疆，二要扩大商业版图，三要树立世界——中国即世界——强国的形象。中国东临海洋，在那个时期看不到向东扩张的可能[①]。北部西伯利亚除了保证这个帝国免受其他民族——中国的富饶吸引了他们——的不断侵犯，并顺带获取矿产资源以外，这个地区所引发的兴趣无论从哪方面看都极为有限。在汉朝旨在追求大国形象、捍卫军事安全的吞并、殖民征战中，朝鲜与南越、西北越皆沦为藩国。可以说，这是中国人民第一次面对文化他者性并与之展开较量：军人与商人一马当先，移居民随后赶到。直到那时，中国人居住在广袤的土地上，那里住满非汉族但部分汉化的人，就像古代历史文献所证实的那样。这些暴烈、大胆的征战开辟了多条商业大道，通往西部沙漠、帕米尔山脉，到达更远的中亚，那时候中亚还不为人知，但是经常出现在想象力丰富的神话故事中[②]。

中国与罗马交换或者说中国向罗马售卖的商品不仅限于丝绸，但是从商业角度来讲，丝绸的价值胜过其他所有商品。中国与中国人创造了丝绸，丝绸在某种程度上成为他们的象征。

---

① 除了日本，没有任何土地能够激发中国人的征战野心，况且日本更多的是引起他们的蔑视而不是觊觎。在中国人的想象中，太平洋始终是一块没有前景的空间。中国人只有一次尝试过征服太平洋，还是一次失败的尝试：秦始皇于公元前三世纪末派人寻找神仙居住的岛屿。我们都知道，秦始皇建造了宏伟高大的陵园，保证他死后依然能过奢侈的生活。

② 在著名的远古神话与道教神话中，西方住满神奇而可怕的人物。在中国象征体系中，西方与死亡、神秘相关联，最著名的人物是西王母，她是很多神话故事与道教故事的主人公。

在漫长的历史进程中，中国生产和出口的财产多种多样，西方罗马正是通过它们首次间接了解了中国。斯基泰、印度以及后来的阿拉伯流动商贩是中国与西方丝绸贸易的中间商，这就解释了为什么罗马人以及后来基督教化的西方对中国的地理位置及中国人的体貌特征只有泛泛的了解。商人对远东地区这方面的认识全凭经验，因此文人在著述中只能引用他们所能接触到的片面的、很大程度上缺乏科学依据的信息。中国对国家以西地区的首次正式了解始于公元前 139 年。那时候，为了抵抗中华帝国不共戴天的敌人——野蛮的匈奴人，中国皇帝派遣大使出使月氏国（斯基泰？）[①]。这位大使名张骞，于公元前 126 年回归汉庭，向皇帝及其大臣介绍了这个遥远的地区及其居民。中国与中亚由此开始了政治、商业上的首次接触，并且开启了中国与罗马帝国的早期间接接触。丝绸在下一个世纪抵达罗马，那里的男男女女深受吸引，却遭到道德家的严厉批判，他们反对这种来历不明的奢侈品。大约在公元 98 年，中国首次派人出使罗马。114 年，十二支满载丝绸的商队离开中国，连年穿越中亚沙漠直到叙利亚、埃及、巴勒斯坦[②]。因此，早在欧洲发现

① 月氏国的身份很难认定。人们认为他们是吐火罗斯坦人或者原伊朗人甚至印度—斯基泰人的祖先，他们生活在甘肃、青海或者新疆。在这片广袤、空旷的土地上，他们以杰出的动物描绘艺术著称。

② 杰克·古迪（Jack Goody）：《偷窃历史：欧洲如何将自己的历史叙事强加给世界其他地区》（*Le Vol de l'histoire. Comment l'Europe a imposé le récit de son passé au reste du monde*），巴黎：伽利玛出版社，“新法兰西杂志散文”丛书，2010 年，第 293 页，转引自戈登·柴尔德（G.Childe）。

中国之前，中国就发现了欧洲。

从此，这两个伟大帝国之间拥有众多交流通道：一条通过帕提亚王国向北挺进，另一条通过印度王国一路向南。我们甚至可以找到第三条海上之路，商队行走在这条通道上可以免除层层盘剥。公元三世纪，中国分裂成多个王国，社会动荡不安，直到隋（581—618）、唐（618—907）时期，中国才得以再度统一，因此陆上丝绸之路中断了很长一段时间。但是丝绸继续被售卖，尤其是继续象征这个将它制造出来并远销欧洲的国家，并赋予中国“丝绸之国”的称号。丝绸之路见证了中亚——即信奉伊斯兰教的前拜占庭和波斯之间的地区——动荡历史中的种种灾难。我们知道，中国丝绸被卖到威尼斯、西西里甚至里昂，这些地区随后也开始制造丝绸。除了丝绸，中国人也出售香料、茶叶、漆器、镜子及瓷器、纸、棉织品等，并从中亚、西亚（斯基泰人、帕尔特人、罗马人）引进葡萄、乳香、玻璃等。

最妙的是，这些交易通道不仅运送商品，而且将思想与信仰输送到未知世界。自公元一世纪汉朝起，佛教通过南边的丝绸之路从印度传播到中国。很久以后，基督教的一个分支景教通过北边的丝绸之路进入中国，但是没能盛行。这两个帝国对彼此的认识非常有限，都想象对方具有超乎寻常的形体与精神；这或许是因为两者相距甚远，不过距离不是唯一的原因。希腊与拉丁作者对中国人的认识既模糊又夸张，他们认为中国人身材高大、长相怪异[①]；中国人并没有更了解罗马人，他们同样认为罗马人身材高大、长相凶恶。出于奇特的镜像效应，中国也称罗马为大秦，即中国第一个王朝的名称；正是通过秦朝，西方人知道了这个丝绸之国的第一个称呼（正如我们所知，Chine这个名词衍生于“秦”这个名称）。

丝绸从一开始就是非常昂贵的面料，具备出口产品必需的一切优点。丝绸稀罕而珍贵，既可以是商品，也可以是礼物。我们所能查到的有关丝绸的最古老的文献显示，丝绸用于保证诸侯国国君之间的“友谊”。此外，丝绸很早就用于博取居住在帝国边境的野蛮人的青睐[②]。丝绸产量大涨的时候，正是大汉帝国大肆扩张的时候，也是汉朝最初的附属国、诸侯国逐渐形成的时候。这个伟大的王朝长期屹立在中亚，以便巩固其军事力量，保障其商贸通道畅通无阻。大批中国人移居到这些新辟的领地，带去中国文化元素，其中自然包括中国语言与文字。这些中国人继续推进秦始皇首创的巩固、延修长城这一普罗米修斯式的任务。中国大肆扩张却又故步自封，对自己不受侵犯的力量信心满满，却在世界的中心（至少是她所认为的世界中心）与世隔绝。

丝绸有点像黄金，其原料价值昂贵，织造过程耗时耗力，

---

① 见乔治·戈戴斯：《希腊、拉丁作者远东古文献辑录：从公元前四世纪到公元十四世纪》，巴黎，1910年，共183页（1977年再版，最近译成中文）。普林尼强调赛里斯人是一些“开化的”人，尽管他们“与野兽相像”（原文如此）。

② 我们在公元前五世纪（即中国战国初期）以来的西伯利亚陵墓（比如巴泽雷克冢墓）中找到中国丝织品的遗迹。

带来巨大的附加值。文学（历史、神话与故事、诗歌）赋予丝绸织造及负责养蚕、纺丝的女人以重要地位。在中国人的想象中，丝绸占据举足轻重的位置[①]。无论男女贵族，皆穿丝绸。丝绸也逐渐取代古代脆弱的竹简，为珍稀文献提供书写载体。在做丝绸贸易的时候，中国人可能早就有意借此传播中国物质文化与精神文化的精华。正如我们所知，中国人还借助丝绸之路出口包括棉织品和金银器在内的产品，同时进口珍贵物品到中国[②]；对此我们不予详述。但是丝绸给人们留下如此深刻的印象，尽管传输到西方的中国技术取道诸多路线，但是这些路线被统称为丝绸之路。

多亏了丝绸之路，中国与西方实现了最初的接触，也由此产生了最初的误解。文化上相距甚远的人们往往无法立即相互理解（我们想到十六世纪的西班牙人与美洲土著人）。我们自然有理由去适应每种文化的预设。但是说到中西方关系，有一个难解之谜，即经过几个世纪的接触，中西方对彼此的误解依然没有消除。

在此我们要强调，商品（主要是丝织品）一般由东方流向西方，而思想和信仰则由西方流向东方。或许我们可以从这个总体流向看出处于欧亚大陆两端的这两个民族的不同禀赋。东方人倾向于出口商品，而西方人更喜欢展示他们对世界及神灵

① 在所有古代文献中，女人的形象主要是采桑女、织女，贵族妇女总是穿着丝绸衣裳。最古老的证据可见于《诗经》（公元前十世纪到公元前八世纪），有四十几个地方提到养蚕纺丝。

② 中国商人是印度及中亚宝石的买家，中国珠宝业很早就达到顶尖水平。

（或者更确切地说是上帝）的看法。这个流通画面似乎包含多个象征：从古代开始，中国就注重她与世界的商品关系；罗马帝国统治下的欧洲、基督教徒的欧洲则希望与这个尚不为人知的远东的**“菲尼斯泰尔”**[①] 分享他们的宗教观、意识形态。文化价值主要是单向输送，值得注意的是，这个模式持续到现在。因此，丝绸之路很早就勾勒出中国人与他人关系的主要特征，并由此勾勒出一段关系中各方所构建的他人的形象。从一开始，中国的兴趣就在于让别人接受她的产品而不是接受她的信仰。结果，从一开始，西方人就不了解中国人对人的看法，也对此毫无兴趣。我们发现，几乎没有什么（宗教、哲学）思想体系影响过最初的中国思想，但是中国人至少都了解这些思想体系。基督教几乎没有渗透到普通百姓及贵族的生活中，但是至少已经被接受。基督教没能对中国百姓与贵族产生重大影响，首先是因为基督教的普世救赎观，其次是因为中国人的世界观体系缺少教条主义。中国几乎不受教条主义的影响，因为中国学说从一开始就不是教条主义；中国学说主要是实用主义，这一点我们在上文已经说过。补充性的**教导**似乎总是能够融入某个特定时期的教导之中，佛教刚刚进入中国便是如此。相反地，所有那些似乎想要取代正统学说的东西总是会引起人们的排斥，甚至不加掩饰的敌意。

---

① 法国的一个省份，位于布列塔尼半岛最西端，有着“天涯海角”的称号。——译者注

4. 西方认识中国

西方更多的是想象中国而不是思考中国。人们只能借助社会与时代赋予的智性工具来理解中国，这是不可避免的事情。在各国忙着征服世界的那几个世纪里，最早的地理、历史论文便是这样撰写出来的。中国很容易被想象成有可能改宗的国家。中国虽然拥有众多神灵，但是缺少一个上帝。早期法国作家谈论中国的时候往往引经据典（多亏了博学的耶稣会传教士），好像在谈论一个美妙无比的梦。希腊—罗马神话之后，为真正的信仰赢得一个民族的传教时代降临了；毫无疑问，中国人置身于圣经传统而不自知。核心观点很简单：尽管欧洲人不了解中国，上帝则不然。只要我们愿意寻找，就可以在圣经中找到中国。这就是人们直到现代都孜孜以求的东西；到二十世纪初甚至更晚的时候，这个观点仍然占据主导地位。马可·波罗服务于中国元朝皇帝，在他的美妙游记（1298）之后，耶稣会士成为西方人了解中国的第一知识来源，同时也是 1582 年到 1773 年（分别是耶稣会传教团抵达和离开中国的时间）之间西方人误解、夸大中国的首要原因。元朝时期，基督教首次尝试进入中国，却没有在中国留下不可磨灭的痕迹，也没有留下有助于西方人认识中国的见证。柏朗嘉宾（Jean de Plan Carpin，教皇英诺森四世于 1245 年派出的大使）、纪尧姆·德·鲁布洛克（Guillaume de Rubroek，由法兰西国王路易九世于 1253 年派出）如是，1307 年被任命为北京大主教的孟高维诺

(Jean de Montcorvin，1328 年在北京逝世）亦如是；在十六世纪末第一批耶稣会士来华前夕，他们都已销声匿迹[①]。葡萄牙商人（1514)、西班牙商人（1543）及荷兰商人（1600 年之前）在耶稣会士之前抵达中国，为上帝的使者开路。这些上帝的使者以澳门为起点，在澳门站稳脚跟以后继而抵达中国其他城市；十六世纪末，利玛窦（Matteo Ricci）终于到达北京[②]。所谓尽善尽美的中国文明令传教士眼花缭乱，不禁盛赞中国的制度与成就。从人种学的角度来说，发现中国不啻于发现新大陆，给西方学者带来极大的震撼：人们发现，在地球另一端的人们拥有另一种文明，其复杂程度与基督教文明并驾齐驱，甚至更胜一筹。

最早对神话化的中国大加赞扬的人当中就有蒙田，他是少见的没有纯粹以基督教观点看待这片**半未知**土地（*terra semi incognita*）的作家。他充分意识到中国技术的领先水平："火药与印刷术的发明所带来的奇迹让我们心醉不已，而在地球另一端，中国人早就享用了一千年。"[③] 但是接下来他和后来很多作家一样着重强调了这个国家成熟的政治制度："中国人不了解我国

① 见谢和耐：《中国社会史》，第 2 卷，第 110—111、199 页。

② 圣弗朗索瓦·泽维尔于 1552 年在广州逝世，此前曾试图在日本传教。利玛窦于 1582 年到达澳门，他将于 1601 年到达北京，在那里一直待到 1610 年逝世。

③ 《散文集》第三部，第六章（巴黎：伽利玛出版社，"七星文库"，2007 年，第 952 页及注释 2)，蒙田阅读了门多萨的著述《大中华帝国史》（1585）的法文译本（1588)。

的法律与艺术，与我国的法律与艺术没有任何交流，却在很多方面超越了我们；中国历史教会我，这个世界比我们的祖先与我们自己所知道的更广阔、更多彩。”[①] 蒙田将中国视为多样化世界里令人赞叹的对象，但他是个例外。从此以后，中国更适于梦想而不是思考。

我们知道，首先要归因于宗教，但是欧洲种族中心主义也脱不了干系。欧洲种族中心主义者认为，除了希腊罗马文明，再没有其他文明，如果有，那可能就是基督教文明，再就是穆斯林文明。欧洲具有多样的语言与历史，这一事实在欧洲人看待中国的时候却没能发挥作用，因为欧洲人认为他们齐聚十字架之下，属于拉丁、盎格鲁－撒克逊、斯拉夫共同体，他们一致认为，欧洲单凭自己就足以武装全世界的心灵与大脑。这种观点不仅仅是种族中心主义，而且主要以基督教为其理论依据；基督教认为，中国人（还有其他人）都是上帝的孩子，然而他们本人却不知道这一点。传教士及一切基督徒有义务找到这些人存在于旧约的证据，然后向他们宣布来自耶稣基督的好消息。这第一阶段的任务已经由几个耶稣会士完成，其中最孜孜以求的是马若瑟（Joseph de Prémare，1666—1736）。马若瑟认为可以在中国古代典籍中找到圣经人物，他们以君王或者英雄的身

① 《散文集》第三部，第十三章，第 1118 页。要注意到，中国人是在不了解我们的情况下达到这种政治、社会状态的；这也是蒙田所强调的。

份出现在中国古代神话中[1]。该书序言中以下几句话清楚表明了作者的观点："……没有哪个古代民族像中国人那样如此完好地保存了那么多人类最早知晓的真理。在一些书中——它们毫无疑问是古代世俗社会最古老的丰碑，中国人几乎为我们保存了原初基督教的所有主要教义与道德训诫。要不是佛教在中国散播了最浓厚的黑暗，这个广阔帝国的居民就不会像现在这样不幸陷入异教的奇特深渊之中。……随着传教士逐渐理解中国人以经（意为卓越的书）命名的书，并且像天主教徒崇敬圣经一样对这些书顶礼膜拜，他们很惊讶地在这些经书及其注解中找到与基督教相似的信仰。"[2]他们由此将挪亚、亚当及其他人认作中国远古时代的君主与智者，如大禹、舜、伏羲等。耶稣会士主要采用这个方法，他们信心满满地在中国典籍中寻找圣经的蛛丝马迹；圣经的部分信息可能在公元前 213 年秦始皇焚书坑儒的时候被抹除了。这种态度尽管遭到某些传教士的质疑，却依然在十八世纪到二十世纪初大行其道，甚至深刻影响了某些思想大家，比如，保罗·克洛岱尔对这种观点全盘接

① 《中国古书中基督教教义之遗迹》（*Vestiges des principaux dogmes chretiens, tirés desanciens livres chinois avec reproduction des textes chinois*），作者是前在华传教士马若瑟神父，由 A. 博尼迪、保尔·贝尔妮两位先生译自拉丁文……，巴黎：基督教哲学编年史办公室，1878 年，共 511 页。拉丁语原文于 1724 年在广州出版。不久之前，即 1697 年，白晋神父就已经这么做了。中国人被认为来自犹德地区，并从那里带走最古老的神圣传统，但是早已忘怀。

② 马若瑟神父：《中国古书中基督教教义之遗迹》，第 2 页。

受，并据此撰写了《第七天休息》（1895—1896）[①]。天主教对中国人的这种看法否认了中国人的他者性，只强调某些差异，并且将这些差异主要归因于语言与历史问题，无关宏旨。耶稣会士在文人那里取得了最初的成功，主要归结于他们在数学、天文及语言方面的杰出素养。但是得到少数精英的赏识，并不一定就能受到大众的欢迎。基督教在中国遭遇相对失败，原因有多种，但主要还是因为传教士与中国人之间相互误解：传教士以为，他们可以利用中国典籍所探讨的孝道，引导中国人找到他们隐藏在圣经中的基督教根基，中国人则以为可以在基督教的教义中找到他们散轶于帝国初期、被佛教的谬误歪曲了的儒学根基。

步蒙田后尘的道德家和政治家则遵循另一种研究路径。他们的中国观富于“异国情调”，但这是为了更好地将中国理想化，有时候这种理想化具有积极意义。孟德斯鸠则从中看到了

① 见“七星文库”版本注释中我们的评论。巴黎：伽利玛出版社，2011年，第1504—1513页，迪迪埃·亚历山大、米歇尔·奥特朗德主编。1954年，克洛岱尔如此介绍他的书：“……通过这些迷信，通过佛教，可以看到儒学与道（多么好玩，多么有意思的道啊！），某些古老的可敬的东西，而从前的耶稣会士却视之为圣经揭示的真理的阴影！关于这个主题，我跟我的朋友科隆贝神父聊过多少次啊，他借给我马若瑟神父那部杰出的著作！”（《第七天休息》，第1216页）。

"黄祸"，着重论述了当时盛行于东亚的**东方的独裁**[①]："如果亚洲黄种人蔓延至欧洲，我们会怎样？"还有："亚洲的独裁，也就是说，……所有不受制约的政府。"这个遥远的帝国同时实施法治与独裁统治，因为那里的法官混淆了宗教、法律、习俗及规矩，他如此写道。孟德斯鸠认为基督教绝不可能在中国立足，因为基督教与中国的法律与习俗从根本上是相悖的（《论法的精神》，十八章，十九章）。孟德斯鸠认为，法律是这个国家保持和谐安定的主要原因；礼仪也为这个假定的整体和谐做出应有的贡献。孟德斯鸠是最早理解中国习俗与法律的人之一。然而，孟德斯鸠虽然对中国的礼仪制度赞赏有加，却将满腔怒火发泄到中国人身上，称他们为"世界上最狡猾的民族"，说"中国人都贪得无厌"，从天主教的角度来看，这可不是什么溢美之词[②]。因此，对奸商——中国人背负这一标签直至今日——之国

---

① 见孟德斯鸠：《孟德斯鸠作品全集》，巴黎：伽利玛出版社，"七星文库"丛书，1949 年，第一卷，第 1350 页；1951 年，第二卷，第 119 页。重农主义者弗朗索瓦·魁奈在出版于 1767 年春天的《中国的独裁统治》[艾田蒲认为这是（重农主义）"学派的经典之作"] 一书中表达了略有不同、带着批判的看法：对法律的赞赏，对皇帝独裁的哀叹。黑格尔及其他十八世纪、十九世纪的作者也秉持这种看法。

② 《孟德斯鸠作品全集》，第二卷，第 570、571 页。孟德斯鸠在别处指出，中国人"上唇比下唇突出，因此他们说话的时候会发出嘘嘘的声音"（见前面所引书目，第 1341 页，节选自《杂记》）。对于这位作者模棱两可的态度，请见艾田蒲那本妙不可言的书《中国之欧洲》第二部《从亲华到恐华》（巴黎：伽利玛出版社，1989 年，第 50 页及其后）。然而我们不赞同艾田蒲将孟德斯鸠的态度说成"亲华与恐华的结合"（《孟德斯鸠作品全集》，第 71 页），因为孟德斯鸠对中国谈不上爱，也谈不上恨。

实施法治是再合适不过的了。十八世纪的人们与《论法的精神》的作者一样，在如何看待中国这个问题上相互矛盾。很多欧洲思想家——而且首先是法国思想家——对杜哈尔德神父发表于1735年的鸿篇巨制《中华帝国全志》做出了截然相反的解读。耶稣会士对中国的看法充满矛盾：他们既热爱中国，又失望地看到，奇特的中国文化构成一堵墙，阻断了他们传播福音的希望；杜哈尔德汲取了以上观点，认真地编撰成册，这就是《中华帝国全志》的由来[①]。

传教士在中国传教的几个世纪里遇到了重重困难。对于这种困难，孟德斯鸠着力论述过，尽管他并没有意识到其中的主要原因；著名的**“礼仪之争”**[②]则是这种困难的证明。中国各个思想流派都没有唯一、万能的上帝的概念，更不用说三位一体的概念了，这是基督教中最难理解的奥秘了。中国人也没有复活的概念，至少没有天主教意义上的复活。天主教实行政教分离，至少在理论上如此；中国传统宗教却并非如此，而是与君王、王族及地方官有着千丝万缕的关系。道成肉身、原罪、个体的救赎、圣母无染原罪、圣餐变体、天堂与其他教义无论在哪方面都与中国民间、文人宗教的原初信仰格格不入。基督教

① 这部著作由巴黎勒梅西埃出版社于1735年分四卷出版，翌年很快在荷兰再版，1738年翻译成英文，伏尔泰在《路易十四的世纪》里对它致以敬意。如今我们可以在古代中国网（www.chineancienne.fr）上找到这部书。

② 耶稣会士对本土礼仪（祖先崇拜、孔子崇拜、当地神灵崇拜等）持宽容态度，面对他们的这种态度，罗马教廷最终做出反应，通过其使节多罗于1705年禁止异端崇拜，由此断绝了少数中国人改宗天主教的可能性。

思想主要是超越性的，而中国哲学总体上是内在性的[①]。很久以来，传教士们（耶稣会士和其他修会会士）就对上帝这一称呼有争议，因为即使中国文人也很难确定基督教上帝的本质；基督教的其他核心思想也是如此。这一切都非常重要，因为信仰通常要通过当地文人和官员来传播，而他们无法在基督教中找到自己的意识形态坐标，更不用说找到自己的信仰了。此外，改宗者应该承认自己信奉的是外国宗教，这种宗教与中国文化历史及这个国家的禀赋不相符，与明（1368—1644）清（1616—1911）时期中国人的民族主义相抵触。尽管基督教在中国取得了初步成功，却因为以下问题而大打折扣：如果一个民族的风俗与禁忌不被罗马教廷认可，是否应该修改天主教的仪式与惯例，使之适用于该民族？这就提出了我们目前不断思考的中国的他者性问题，这种他者性是相对于西方人在宗教及其他领域所确定的标准而言的[②]。在这个问题上，有些人只看到

---

① 要对这种笼统的说辞加以区分；道既内在于每个个体，又与世界同质，作为人与世界的来源，道还是超越性的。有关基督教在中国的接受这个广博的问题，见谢和耐：《中国与基督教：冲击与回应》（*Chine et christianisme*，*actionet réaction*），巴黎：伽利玛出版社，“历史文库”丛书，1982 年，共 342 页，尤其是“语言与思想”这一章；也见谢和耐：《话语思想与综合思想》，载《事理：论王夫之（1619—1692）哲学论》[*La raisondes choses. Essai sur la philosophie de Wang Fuzhi*（1619—1692）]，巴黎：伽利玛出版社，“哲学文库”丛书，共 436 页。

② 艾田蒲在《中国的耶稣会士：礼仪之争（1552—1773）》（巴黎：勒内·茱莉亚出版社，“档案文丛”，1966 年，共 301 页）一书中对这个问题做了有意思的研究。也可见谢和耐：《中国与基督教：冲击与回应》，见前面所引书目，第 247 页及其后。

其中的差异，另一些人则认为罗马教廷的福音信息被严重扭曲。在礼仪之争中，中国的身份至关重要，是单纯地将她视为西方的变体（就像某些文章说的“中国兄弟”），还是将她看成基督崇拜与祖先崇拜并行不悖的独特世界。人们可以将基督教教义放宽到什么地步，以至于可以为了赢得几个人的灵魂而出卖基督教教义？这个问题后来很快得到解决，其结果对耶稣会士不利：罗马教廷严厉批评了他们，教皇教义的严格性战胜了地方宗教教育的期待。

在教会之外，中国的形象继续滋养着作者与非作者的梦想。应该承认，传教是当时西方人对这个国家取得一定认识的唯一工具。这样的认识牵涉到某种利害关系，与事实略有出入，却代表了一个时期科学——尤其是语言学和人种学——的认知水平。就像我们看到的，传教士通过对圣经进行所谓的科学探索，将中国与古老的大陆联系起来。这种观点有何依据？由此引发的争论持续了整个十八世纪，尤其是在法国，那里的启蒙知识分子比其他任何地方的人都更加关心，有没有可能将这个庞大的国家拉拢到**启蒙运动**的阵营里。对于十九世纪的非宗教人士而言，这个国家及其文化财富给人留下如此奇特的印象，以至于成为异国情调的象征。因此，十九世纪是异国情调盛行的世纪，谢阁兰将这种异国情调与殖民主义联系在一起是有道理的。他们这样看待中国，是因为他们不了解中国，对中国秉持屈尊俯就的态度，抵达美洲和大洋洲（谢阁兰有关异国情调的散论主要以大洋洲为研究对象）的西方人也是这种态度。人们自以为了解中国，并且将中国简化为有趣的小玩意儿，比如**中国工**

艺品，人们认识到它们的美学价值，却没有很好地辨别它们所代表的意义。格拉克说得很对，这种异国情调是博物馆文明的异国情调，属于从此被封闭、被探索的世界，而这个世界再也不能教会我们什么东西，它只是展示在我们面前[①]。优秀的富于异国情调的小说可能要数洛蒂的《北京的末日》或者《菊子夫人》，它们跟普契尼的歌剧《蝴蝶夫人》或者《图兰朵》差不多创作于同一时期。在我们及一个世纪前的谢阁兰看来，皮埃尔·洛蒂是盲目的异国情调的浓缩。从此以后，异国情调必不可少的组成部分就是精致与残忍，没有了这些，中国在读者眼中就不再是她自己。这种“对异国情调的温柔的狂热”[②]也有个优点：让中国文化的他者性显得更加诱人，即使不是显得更好理解。在良心被遥远他处的美德[③]所替代的时候，十九世纪的文学既谈论旅行，也谈论鸦片，我们充分感受到异国情调的诱惑。十九世纪文学紧跟十八世纪的脚步，打着中国的幌子来阐述政治思想，就像伏尔泰做的那样。中国就像是远东地区的波斯，几乎无法理解，因此被认为具有最原始的经验。伏尔泰在《哲学词典》中小心谨慎地提到中国及其智者孔夫子。他认识到

---

① 于连·格拉克：《对话》，巴黎：约瑟·科尔蒂出版社，2002年，第232页。

② 弗朗索瓦·于连：《〈易经〉序言》，由保尔－路易－费利克斯·菲拉斯特尔翻译（1885年），巴黎：祖尔玛出版社，1992年，第6页。

③ “跟以前一样，我们出发前往中国，眼睛凝望着大海，头发在风中摇曳……”波德莱尔在《旅行》中如此写道（《恶之花》第七部分，第126首诗，巴黎：伽利玛出版社，“七星文库”，1968年，第126页，献给马克西姆·杜·坎普的诗）。

中国人在道德和艺术领域的领先地位，认为在这些领域，“我们应该向他们学习”。他赞赏这个国家，因为多亏了神权政治的消失及宗教多样化，这个国家非常宽容。在1734年的《哲学信札》中，伏尔泰认为中国人是“世界上最有智慧、最有教养的民族”。耶稣会士野心勃勃，想让中国人改信基督教，遭到了伏尔泰的嘲弄，后者认为中国人的宗教已经达到“令人羡慕”的状态[①]。伏尔泰对待中国的这种积极又谨慎的态度在他那个时代并不多见，在他之后也如此。

中国对十九世纪作家的想象力产生重要影响，我们从福楼拜的通信中可见一斑。他想去中国，想在那里定居，他将中国浓缩为中国女人的绣花鞋。他称中国人为“伟大的人民”，因为中国人深刻了解喷水井[②]！他年轻的时候尝试了解古代思想家孔子、孟子等人的中国思想，甚至对佛教产生兴趣，却没能持之以恒[③]。在他漫长的通信生涯中，他多次提到想去**那边**，有一天还很遗憾地说，“我可能永远都看不到中国”[④]……应该指出，这

---

① 也见《中国、印度、鞑靼信札……》，伦敦，1776年。

② 福楼拜：《通信集》第二部（1851年7月—1858年12月），巴黎：伽利玛出版社，“七星文库”，1980年，第419页，然后是478页。喷水井的确由中国人发明。

③ 福楼拜：《通信集》第一部（1830年1月至1851年6月），巴黎：伽利玛出版社，“七星文库”，1973年，第253页，然后是第265、344页。

④ 《通信集》第一部，第275、472、686、727页等。福楼拜在信中并没有具体阐述他对多少有点中国化的别处的渴望：“去中国或者野蛮人的国度生活。”吸引他的实际上是通过陆路旅行，直达“中国长城”，他概括为“对中国的渴望”（第二卷，第201页）。

个世纪的人们极力颂扬近东和中东，而阿尔及利亚、摩洛哥与埃及等国家则走进博物馆、画展、音乐会、学者的研讨会，成为不畏艰险的探险家的旅行之地。那时候的中国是西方旅行家梦想的新边界。

巴尔扎克的世界也充斥着精致而无用的**中国工艺品**，这些工艺品给外省大资产阶级带来无上快乐。在巴尔扎克的世界里，中国本身并不存在，她只通过工艺品存在，这些工艺品由欧洲手工艺者仿造，他们很高兴提供这种精致的赝品，在毫不知情的情况下预示了下个世纪仿造品制造将会流转到中国[①]。这些矫揉造作的艺术品体现了富裕阶层——他们当中不乏有教养的人——对精致的渴望，而中国艺术或者所谓的中国艺术满足了他们的这种渴望。这个国家及其国民不是真实的存在。根据十八世纪以来那条著名的箴言，只要能够变得有钱，我们随时可能干掉一个中国人[②]。

20世纪见证了义和团运动及政治、军事软弱的中国（欧洲

---

① 瓷器在中国古玩（或者“所谓的中国古玩”）中是重头戏。可见《人间喜剧》（巴黎：伽利玛出版社，“七星文库”，第三卷，第1404页注释2）。福楼拜也有同样的看法，他同样提到更加具有中国特色（more sinico）的座钟（《通信集》，第二卷，第679页。）

② 巴尔扎克：《人间喜剧》之《高老头》（见前面所引书目，第三卷，第164页）；说话者在想象中杀死第33个满大人。这个说法似乎可以追溯到20世纪，可能是伏尔泰首先提出来的。

人强加给这个国家很多**不平等条约**[①]）与西方列强之间的抗衡。这个时期与前几个世纪的不同之处在于，学院派汉学充分发展，就算是专题著作，一般人只要感兴趣都能读到。但是由于中国在二十世纪上半叶积贫积弱的形象深入人心，西方——尤其是法国——看待中国的眼光几乎没有任何改变。伟大的文学家打着中国的幌子，在广阔的外部环境中拓展自己的内在性，将遥远的内部世界描画成毗邻的外部世界[②]。我们不打算在此描画出西方人对这个时期的中国无知到什么程度，而是通过文学界的几个代表性人物来加以阐明[③]。其中，亨利·米修对中国持有节制的友好态度，然而他明显不理解中国及中国人；这种态度固然可笑，却也自有好处。在那部著名的题为《一个野蛮人在亚洲》的书中，米修描绘的是他的情感，而不是沿途遇到的风景与人物，字里行间充斥着自我中心主义与民族中心主义——尽管他风趣地给后者沾染了幽默色彩。该书第一句话开门见山、提纲挈领："当我第一次看到中国，我就知道，这片土地上的人

① 西方列强逼迫中国签署一系列侮辱性条约，其中，在所谓的1840—1842年鸦片战争后（1839年在广东爆发鸦片战争，1842年签订《南京条约》），大不列颠强迫中国开展鸦片交易，占领中国部分领土。

② "遥远的内在"（*lointain intérieur*）这一词组由米修创造于1938年。那个时期是属于精神分析学的，精神分析学辐照了这个时期所有作品，比如安德烈·布勒东的作品，精神分析学将其中具有超现实主义色彩的内在探索合理化。

③ 我们自然无法一一列出所有作家。我们不得不放弃圣琼·佩斯、罗杰·凯洛斯与埃兹拉·庞德，他们撰写的有关二十世纪中国的作品都比较成功，更不必说马尔罗《西方的诱惑》。这是因为很多人——如果不说是所有人——都有他们的"内在中国"［让－皮埃尔·茹弗（Jean-Pierre Jouve）如是说］。

们有理由是真实的存在。”[①] 他将中国女人比作蚂蚁，我们不知道他在这种昆虫身上看到什么闪光点，以至于可以用它来描绘一个女人——即使是一个中国女人——的特点[②]。至于中国人民这个整体，这是一个“由孩童组成的衰老民族，他们什么都不想知道”（不想知道什么东西，作者没有进一步说明）[③]。**孩童**——或者所谓的孩童——显然就是不愿意接纳欧洲逻辑的人；同样的道理，非洲人被称为执拗的**孩童**。面对他不了解的东西，米修依然摆出权威的姿态，让人以为他熟稔富有异国情调的中国文化。他写道，“在剧院里，男人用阉人的声音歌唱，伴奏的小提琴音色与之相似”，然后“中国诗歌无法翻译”，再者，“中国人自古就没有色情文学。中国男人不受中国女人迷惑，中国女人也不受中国男人迷惑”[④]，等等。根据自己的旅行经验，作者断

---

① 亨利·米修：《一个野蛮人在亚洲》（1933 年首次在巴黎出版，1967 年，伽利玛出版社再版，“想象力”文丛，第 13 页）。1922 年，阿尔贝·隆德尔在那部有趣的小书《疯狂的中国》“洋鬼子与西方野蛮人”这一章（2007 年，Motifs 出版社再版，第 21 页）中讽刺性地使用了“野蛮人”这一词。感谢黄蓓小姐向我指出阿尔贝·隆德尔这部不起眼的书，这部书是动荡的二十世纪初西方人中国观的典型代表。

② 《一个野蛮人在亚洲》，第 155 页。米修对中国女人在床上的看法有些猥亵。日本人也没有得到更好的评价：“昆虫宗教、蚁族崇拜”（第 199 页）。

③ 《一个野蛮人在亚洲》，第 163 页。他喜欢用格言式警句，在下文还断定“中国人保有顽童心性，四千年来皆如此”（第 191 页）。那个顽童在哪里？

④ 《一个野蛮人在亚洲》，第 149、161、180 页。米修告诉我们，一个中文单词“所包含的字母不超过三个”（原文如此），第 153 页。我们知道中国古代色情文学丰富多彩，米修显然对此一无所知。至于中国戏曲的唱腔，克洛岱尔说是“驴子尖叫”“大象打响鼻”（《认识东方》“戏曲篇”，1896 年）。

然下定论："让我们这么想吧：中国人是最敏感的存在。"读者因此也不得不承认：中国人是人类。或许这个真相值得作者这样毅然决然地指出来。

20 世纪初，一个伟人以其光芒烛照了整个文坛。这就是克洛岱尔。尽管长期旅居中国，克洛岱尔从来没有努力理解中国与中国人，对中国语言也不甚了了，更不必说中国习俗。他的目光始终停留在表面，这一点跟很多传教士相像，后者企图发现这些中国人与西方人的相似之处，却往往白费心思……克洛岱尔既没有试图了解这个国家，也无法在他看到的、通常没有理解的东西上看到这个国家的信仰根基。他读过传教士及少数汉学家——他们定是耶稣会士——的书[①]。若干年以后，在 1943 年，他从葛兰言的著作中转引了庄子和孟子的话[②]。在他的伟大诗篇尤其是《认识东方》中，克洛岱尔歌唱中国而不是研究中国。这部伟大作品描绘了中国的景观与城市，中国人民则是没有任何区分度的人群。"我"凝视、感受、倾听着中国。有一篇文章专论"符号的宗教"，实际上是讨论中国汉字，认为汉字即是**它所指示的事物本身**。这是他少有的对于中国文字与宗教的思考。克洛岱尔的作品中总少不了曼妙的欧洲女人，这篇

① 他在 1908 年 12 月的《日记》中引用带遂良神父的话（巴黎：伽利玛出版社，"七星文库"，1968 年，第一卷第 79 页及注释 5）：如果说中国没有神迹，那是因为"寓言充斥着中国人的想象"。带遂良翻译了众多中国古籍——主要是史书与道家思想著作，并撰写了相关研究著作。

② 1943 年 8 月 15、16 日他引用葛兰言的《中国思想》（1934 年，巴黎：伽利玛出版社，"七星文库"，1969 年，第 456 页及注释 1—3）。

文章是个例外[①]。我们还想起《百扇帖》中的优美诗篇，其中汉字与法语单词并排书写在想象中的扇子上。这些诗歌让我们想起阿波利奈尔而不是中国诗歌，尽管它们的书写受到中国书法的影响。比起《百扇帖》，人们更喜欢克洛岱尔的《拟中国诗》（*Petits Poëmes d'après le chinois*）与《拟中国诗补》（*Autres Poëmes d'après le chinois*），作者满怀激情地向伟大诗人李白、杜甫及苏东坡[②]致敬。克洛岱尔还写了几篇回忆中国的短文，他对中国的真切关怀尽显无遗，即使他不总是对中国人民怀有同样的感情[③]。他受到所处时代与阶层的限制。应该把他当作诗人而不是人种志学者来阅读。他不写诗的时候，便会陷入陈腔滥调中：中国人懦弱，缺乏为高级思想献身的精神，总是彬彬有礼……然而不管怎样，中国人永远无法道出真相[④]。很显然，《正午的分界》的作者善于满足读者的阅读期待。他笔下的中国有时候让人想起明信片的风景，然而风景不是最重要的，吸引读者的是他优雅的文笔，而不是处于焦点的信息。

维克多·谢阁兰是二十世纪初一位杰出人物，他对保

---

① 《认识东方》，载《诗歌作品》（巴黎：伽利玛出版社，“七星文库”，1967 年，第 46—48 页），整部作品都与他在中国和日本的旅行有关。

② 《诗歌作品》，第 925—939 页，943—951 页。这些诗歌改编自中国诗歌法语译文。特别要指出，李白、杜甫、苏东坡是古典中国最著名的三位诗人。

③ 见《中国（1895—1909）》，载《接触与环境》，收录于《散文作品》（巴黎：伽利玛出版社，“七星文库”，1965 年，第 1020—1084 页，尤其注意“龙的传人”“中国迷信”）。

④ 《散文作品》，第 1073—1075 页。克洛岱尔还提及“黄种人面对死亡的冷漠”。他形容自己对中国人的态度是“欣赏中带着深情的关切”。

尔·克洛岱尔既赞赏又批判，与后者差不多同时旅居中国。他深入了解中国及其典籍，因而得以管窥中国文化的各个领域；而我们的驻福州领事对中国文化即使并非一无所知，也最多只是蜻蜓点水。此外，他们二人之间还存在意识形态的分歧：一个是自由思想家，另一个是狂热的天主教徒；一个是考古学家，另一个是诗人；一个是人种志学家，另一个是外交官。但两位都真正热爱中国、旅行、戏曲及诗歌；两人都堪称该领域的先驱。谢阁兰与克洛岱尔相反，他是一个汉学家，比任何人都更好地**感受**中国，即使他对中国并非总是爱屋及乌（1900 年的中国陷入无可名状的混乱，这种混乱一直持续到 1949 年）。他的作品具有多面性，展现了浓厚的中国文化素养；他用优雅的法语说汉语！谢阁兰有多个诗篇似乎节选自汉朝作品，比如《碑》[①] 所有诗句都源自中国古籍：主要是《礼》《诗经》及包括《史记》在内的多部历史著作，还有一些哲学家的著作，比如列子、老子、孟子甚至孔子；以上作品我们在上文都提到过。《诗经》也为谢阁兰另一部诗集提供灵感源泉：谢阁兰于 1913 年出版的《颂歌》从《诗经》开头的《国风》中汲取了灵感。在诗作如《整装旅行》（*Equipée*）中，诗人描绘了自己的所有情感，并将这种情感投射到中国这片土地上的风景、人物上。《天子》这部奇怪的戏剧作品似乎出自 20 世纪中国编年史，讲述了宫闱阴谋及太监、妃嫔、衰老的被谋杀的帝王的故事。另一部作品

① 《碑》收录在《谢阁兰全集》（巴黎：罗贝尔·拉丰特出版社，“旧书”文丛，第二卷，第 21—144 页，H. 布依耶作序。1955 年的版本由 P.J.Jouve 作序）中。2012 年，人们在北京及世界各地纪念该书面世一百周年。

《为大地而战》延续了《天子》的戏剧脉络，与克洛岱尔宣扬基督教的《第七天的休息》遥相呼应。最后，《勒内・莱斯》这部奇怪的小说浸润着中国宫廷与城市的气息，在重重奥秘之中勾勒出小说的新形式，完全符合谢阁兰最初的设想。在他的诗句与戏剧、小说对白中，古代中国似乎死而复生了，他所亲历的中国也微微颤动着。

20 世纪的作家都充分代表公众舆论，他们塑造了公众舆论，反过来又在很多方面受到公众舆论的启发。他们对中国与中国人怀有偏见（往往是些陈腔滥调），从社会学角度来说，他们几乎没有清晰地展现中国的面貌。我们知道，这些陈腔滥调一直持续到中国共产党夺取政权甚至更往后，因为文人旅行家浮光掠影的陈述比书斋里的汉学家所谓的令人厌烦的论著更具影响力，更加吸引人。文人旅行家比汉学家更能塑造西方人思考中国的方式，直到 20 世纪中叶，两个重大事件打破了当时的世界格局：一是“文化大革命”，二是中国迎来史无前例的经济起飞。在这以前，欧洲觉得自己对中华帝国没有欠下任何债务，因为后者几乎没有为现代世界的建设带来任何科学上、技术上的贡献。这就是不重视历史，不重视中国为西方的建设所作出的贡献，不重视中西方之间的联结，导致中西方渐行渐远。

二、债务的分量

历史通常将一种文化理想化，根据异国文化的标准来判断本国历史并非易事。希腊人基于优越的希腊文化撰写希腊历史，罗马人基于罗马的统治撰写罗马历史，欧洲人的历史带着无可救药的欧洲中心主义，至于中国人，自古以来他们就自认处于世界中央，被各个蛮族包围。我们当然可以对这种种族中心主义进行道德批判，并以客观性以及在世界历史面前人人平等的名义大加鞭挞。但是多亏了克洛德·列维－斯特劳斯，我们也知道，一定程度的种族中心主义是有必要的，甚至是必不可少的，当一个民族面对来自外部世界的或真实或假想的威胁时，种族中心主义有助于她确立或者强化自我的身份[①]。今天每个人都知道，将他人视为野蛮人，通常是借此确认自己是正常

---

① 见克洛德·列维－斯特劳斯：《种族与历史》，巴黎：德诺埃尔·贡蒂埃出版社，1961 年，书中多处均有提到。这个著名的论断得到受过精神分析学训练的人类学家的支持，比如吉扎·罗海姆（《澳大利亚神话中具有恋母情结的英雄以及母性的象征》，巴黎：伽利玛出版社，1970 年，第 243 页。关于身份问题，见马赛尔·德蒂安振奋人心的著作《谜一般的国家身份》（*L'Identité nationale, une énigme*），巴黎：伽利玛出版社，“袖珍丛书 / 历史”文丛，2010 年，共 177 页，该书的撰写源于法语国家与法国之间的一场争辩）。

人的唯一方式。将他人视为野蛮人当然不对，不过，我们递给他人一面什么样的镜子，他人也把同样的镜子递给我们，因此对他人而言，我们也是名副其实的野蛮人。在特定的文化背景下，人们不管是从历史角度还是从地理角度阐释这个世界，都离不开这些带着种族中心主义的文化性的先验推理及特定时期可以获得的智性工具。包括杰克·古迪在内的伟大著述家拉响了警报，反对从单边角度看问题，同时指出，正是最杰出的西方历史学家孕育了这种可怕的原罪①。然而他对李约瑟（1900—1995）的责备是过分的，因为这位伟大的学者耗费了近六十年的生命来研究中国科学史，证明欧洲在追逐学问的过程中占了上风，不是因为欧洲的智商超过中国，而是因为中国的社会—经济条件、意识形态与西方不同，两者风马牛不相及。毋庸置疑，欧洲的独特之处不在于她比中国更高明，而是与中国相比，她更能承认文化多样性，然而这并不意味着欧洲因此就可以低估或者侮辱中国。李约瑟百分之九十五的研究用于论证中国在所有知识领域占据领先地位，相应地，同一时期的西方则比较落后。我们有时候甚至可以批评李约瑟是“中国中心主义者”！不过总体而言，欧洲历史（至少是象征性地）扭曲了中国。对欧洲的这种批评在很大程度上证据确凿，但是忽略了两种评价元素。我们依据什么标准评论别人的历史？如果不是凭借我们

---

① 见杰克·古迪：《偷窃历史：欧洲如何将自己的历史叙事强加给世界其他地区》。作者先后批评了李约瑟、诺贝特·埃利亚斯、费尔朗·布洛岱尔等，还有雅克·勒·高夫、乔治·杜比等人。他对布洛岱尔的批评比较严厉（见前面所引书目第104—148页），这也并非全无道理。

自己的文化提供给我们的智性工具和偏见，如何、从哪里开始书写我们自己及他人的历史？此外，这种对种族中心主义的批评也是种族中心主义的表现，也没有将其他人所撰写的关于我们的历史考虑在内。我们能在他者的镜子中照见自己吗？或者更糟糕的是，我们根本就不去照镜子？尽管我们很久以来对中国有所误解，中国却没有冒这种风险，因为中国很久以来都对西方漠不关心，直到第一批耶稣会士不期而至，中国都没能开始思考**文化对话**或者**文明的冲突**；然而，时至今日，我们随时会谈论这样的话题。当中国开始关注这些新来的野蛮人的时候，他对后者的评价并不比对以前的野蛮人更好。接下来我们还会谈论中国历史的书写以及她对其他民族的看法。让我们首先来看看欧洲历史的重大疏漏。

我们知道，丝绸之路通向罗马，也通向处于欧亚大陆的其他西方国家。人们向这些地区兜售丝织品、技术，偶尔传播思想；商人并非思想的最佳摆渡者，而说起售卖小玩意儿的本事，耶稣会士也比不上商人。中国发明了很多方法和材料，（通常是通过阿拉伯人或者印度人）传播到欧洲后，从此扰乱了欧洲人的生活，改变了他们的命运。我们将会列出这些发明的清单，思考它们进入西方所产生的影响[①]。我们只能讨论其中几个发现和发明；要将所有发明与发现一一列出来，勾勒出它们的完整

① 本书不讨论中国发明对阿拉伯、印度、非洲及美洲的影响，不仅仅是出于种族中心主义，而且是为了避免离题万里。我们不回答这个问题，但一点都不会损害这个问题的合理性。

历史，需要广博的研究，与本书所定的目标不相称[①]。

在十九世纪，中国开始深刻的自我反省：她在哪方面出了错，以至于欧洲征服、侮辱她，强迫她否认自己的价值并模仿欧洲以图自救[②]？中国忘记了她传播给欧洲的东西，正是这些东西让欧洲在很长一段时间内主宰了全世界。但是一切就这样过去了，欧洲似乎忘了弗朗西斯·培根（1561—1626）所说的话：如果西方没有因为中国技术断续入侵而备受困扰——直到前现代时期，那么西方历史将会改写。在中国技术中，四大发明（即纸张、印刷术、指南针、火药）“改变了世界的面貌”。长久以来，我们忘记了我们对中国欠下的债务，是时候反思了。艾田蒲说得有道理，遗忘让欧洲成为忘恩负义者[③]。

---

① 李约瑟等（《中国的科学与文明：一般结论和反思》，第七卷第二分册第二部分，剑桥：剑桥大学出版社，2004 年，第 217—224 页）列出一个清单，罗列出文明初期到现代中国人的近三百种发现和发明。

② 中国的自我贬低始于十九世纪中期签订所谓“不平等”条约之后，一直持续到二十世纪初。在这个时期，中国最优秀的哲学家冯友兰写了一篇文章：《为什么中国没有科学——对中国哲学的历史及其后果的一种解释》，载《国际伦理学杂志》，第 32 期第 3 册，第 237—263 页。这个标题本身就是文章纲要。此外，冯友兰还撰写了一部优秀著作《中国哲学简史》[（法文译本在 Payot 出版社出版，标题是 *Précis d'histoire de la philosophie chinoise*，作者 Fong Yeou-lan，巴黎，1952 年（根据 Derk Bodde 出版社的英文版本翻译），共 373 页]。

③ 艾田蒲：《中国之欧洲》第二部，第 11 页。

1. 阅读与理解

中国这块大陆比欧洲更早拥有文字。就像我们看到的那样，文字在中国即使不是被神圣化，至少是备受尊崇，或许是因为汉字的起源与占卜有关（最古老的汉字被刻在用于占卜的龟壳上）。汉字不仅传播历史、科学、诗歌、礼仪、音乐、哲学等，还传达了线条的美；书法展现了汉字的和谐美，与绘画齐名。书法、纸张与中华帝国几乎同时诞生。人们认为，书法出现在绒毛笔的式样最终确立的时期。在中国人看来，写书法需要拥有能够灵活使用的工具、能够捕捉手指律动的载体，以便传达内心的思想与情感。毛笔可能是秦朝（公元前 221—前 207）大将蒙恬的发明，取代了在竹简或者绢帛上书写的芦苇细笔。传说蒙恬发明了一种乐器：筝 [与日本筝（koto）相似]。刚刚诞生的帝国需要誊抄多份新的法律文书并送往全国各地。毛笔艺术在西汉时期（公元前 206—8）得到完善，制笔技艺臻于化境。在钟繇（151—230）之后，最伟大的知名书法家是王羲之(321—379)，他被认为领悟了这门存留至今的精妙艺术中美的主要标准。

纸张是当时文字书写、传输、阅读必不可少的载体，比长长的竹简更便捷。串起竹简的绳索容易断开，竹卷随时可能散开；自汉朝以来，纸卷代替了竹卷。很难标明纸张发明的准确日期，因为纸张的发明是一个逐步调整的过程，不断改进的材料和技术慢慢改善了纸张的质量。纸张的雏形出现于公元前三世纪中国南方，人们开始使用桑树皮造纸。但是，多亏了著名太监蔡伦，造纸的原料与造纸的方式直到105年东汉时期（25—220）才最终确立[①]。经过几个世纪，纸张逐步普及，造纸术不断完善，纸张最终成为普通手抄本抄写者、文官或者诗人甚至商人日常使用的载体。我们确定这个时期为公元三四世纪，然而造纸术传到欧洲已经是十三个世纪以后的事情了！纸张首先用于手抄本，继而用于印刷本，后来推广到其他各种用途。纸张最早用作信封，后来才成为书写载体。纸币发明于公元四世纪，以指券[②]的形式出现。卫生纸似乎出现在公元六世纪，跟其他卫生措施一样，比欧洲人早了一千年[③]。纸张还用于宗教活动，扎成辟邪神像，焚烧以后向神灵致敬，直到今天依然如此。后来，人们焚烧冥币，祭献给神灵，同样延续到今天。人们也会将护身纸符焚烧后溶于水中，然后吞下去，以便保护自己不受疾病与恶魔的侵扰。我们绝不会忘记，画家及上文提到的书

---

① 李约瑟：《中国科学与西方》，第24页。麻布、亚麻布、桑树皮等最先被用于造纸。

② 见李约瑟等：（《中国的科学与文明：一般结论和反思》，2004年，第55页），他们说到纸币出现在唐朝（618—907），甚至给出具体的年份589年（《中国的科学与文明：一般结论和反思》，第221页）。也可见艾乐桐：《中国文字：现代性的挑战》，第21页。

③ 杰克·古迪：《偷窃历史：欧洲如何将自己的历史叙事强加给世界其他地区》，第96页。拉伯雷的主人公使用树叶及其他植物而不是卫生纸。见李约瑟、王铃：《中国的科学与文明：化学与化学科技》，第五卷第一分册第一部分，剑桥大学出版社，1985年，第122—123页，其中引用了伟大文学家颜之推（531—590）的话，说不能拿印有古籍的纸张做厕纸。工业生产厕纸的推广源于十九世纪中叶的美国，法国则是到了二十世纪初才推广厕纸的使用。

法家使用纸张作画、写字。而在此之前，直到汉朝，人们写字的时候更喜欢用绢帛而不是纸张。人们选择载体的时候，成本也是一个不可忽略的因素。

纸张在十二世纪左右传入欧洲。造纸秘术似乎在八世纪就通过蒙古人从中国传到波斯，经波斯人传给阿拉伯人，再经阿拉伯人传到中东，继而传到整个地中海沿岸的欧洲。十字军东征对这些技术的传播可能发挥了重要作用，尤其是当时人们使用麻布造纸，而麻布还是做内衣的布料；那时候西方人远远不了解中国人使用的桑树皮及埃及人的纸莎草。此外，这种新的书写载体承载了科学与信仰的传播，而法国在推广这种载体方面占据相对有利的位置。可以肯定的是，在当时及以后，人们对这项开启印刷术之路的卓越发明的起源没有充分的认识。

到了十五世纪宗教改革蓬勃发展之前，印刷术才在欧洲面世。中国早就发明了活字印刷术，那时佛教在中国各地普及。不管怎么说，这项**任意**（ad libitum）复制文本的高超技术与新宗教信仰的传播大有关系。就像中国的其他发明一样，印刷术的发明也是循序渐进的。首先被发明出来的是印章，很久以来就为人所知，证明人们可以用墨水和纸张“印刷”一个或多个非手抄的方块字。第一份真正的印刷作品是佛教著名经典《金刚经》（*Vajra Sûtra*）①，可以追溯至唐朝，更具体地说，是868年。印刷术源自木刻画的一项基本技术，可以完成那时候还实

① 《金刚经》，由金丝燕翻译、作注，巴黎：友丰出版社，2007年，共101页。《金刚经》是古代佛教重要经典。

现不了的壮举：印刷出世界上第一本书。这个时期佛经在中国大量印刷，其他远东地区（高丽、日本、老挝、柬埔寨、越南等）虽然已经皈依佛教，但是还没有开化，佛经还没有传到那里。佛教在唐朝得到最大程度的发展；佛教同时具备了宗教实力、经济实力，有时候是政治实力[①]。但是对我们而言，最重要的是，佛经不仅被译成汉语，而且印刷数量不计其数，传播范围异常广泛，轻而易举赢得大批信徒。从这项创新技术中获利的不仅是佛教，道教经典、儒家经典也得以大量翻印，人们随时可以在私人或者公共图书馆读到这些经典，但是佛教无疑是最大的受益者。随后，就像毕昇（970—1051）和伟大学者沈括（1031—1095）所证实的那样，十一世纪的宋初（960—1127）开始盛行活字印刷术。这个强大的王朝重新修订了所有图书，由当时最伟大的文学家审定后给出最新版本。这些版本具有划时代的意义，直到今天我们还在参阅：古籍最佳现代版本通常以宋朝印刷版本为蓝本，因为几个世纪以来，古代手抄本代代相传，留下了不少谬误，而宋本（无论是正文还是注释）则是严肃的版本。元朝统治结束以后，印刷术在伟大的明朝（1368—1644）迎来了又一个黄金时代；在这个朝代，市场上的文学、科学、宗教等书籍呈爆炸式增长。不要忘记，中国图书浩如烟海，古典中国出版的图书超过 25 万册，在这个漫长的时期，某些伟大作品的出版量达到几百万册。中国与欧洲差不多

① 见雅克·谢和耐：《五世纪到十世纪中国社会的寺院经济》，第三十九卷，西贡：远东法国学校出版社，1956 年，共 331 页。

同一时期开始扫盲，甚至做得比欧洲更好，中国图书印刷业因此如虎添翼：在清朝（1644—1911），读者数量激增，为图书销售带来了更多潜在顾客。直到二十世纪初，中国基本使用木版印刷，凸版印刷操作起来非常复杂（因为不同字号、不同字体的汉字数量众多），因此直到十一世纪才被发明出来。西方则比较盛行凸版印刷，因为西方是拼音文字，排字盘的使用比较简单。多亏了凸版印刷术，中国不仅得以在广袤土地上传播书本文化，而且增加了印刷的书目。据统计，在十八世纪中叶，中国出版的图书比全世界其他地方加起来的总数还多①。在计算机输入技术来临之前，中国印刷经营者就发明了印刷器，然而操作不太方便，很快被电子印刷机替代，逐渐被人遗忘，不失为一件好事。现在所有计算机——不管是哪个大洲的——都收录了汉字的诸多字体和字号（包括简体汉字、繁体汉字、和制汉字）。

毫无疑问，中国印刷术风靡整个东亚，高丽是她最有天赋的学生之一，因为人们认为，高丽人发明了最早的金属活字，而中国人当时仍然在使用木活字和泥活字，欧洲人到十三世纪还处于手抄本的黑暗之中，尽管这些手抄本装饰着小彩画。

约翰·根斯弗莱施，即谷腾堡（1394—1468）或许从未听说过高丽印刷术，然而大多数研究者认为，将文本印刷出来的想法是通过某种方式从遥远而神秘的东亚舶来的，而不是谷腾

① 见谢和耐：《中国人的智慧：社会与心理》（*L'Intelligence de la Chine. Le social et le mental*），巴黎：伽利玛出版社，“历史文库”丛书，1994 年，第 11、377 页。

堡大脑灵光一现偶然得之。印刷术起先源自丝织品木刻印刷，后来在北欧（主要是荷兰和德国）各地用于纸张印刷。谷腾堡在斯特拉斯堡多次尝试未获成功，最终于 1439 年左右找到了适当（ad hoc）的方法，在美茵茨印刷了一篇诗歌。谷腾堡的印刷术很可能受到中国的影响，尽管我们没能找到证据来证明这一点[①]。印刷术诞生不久，西方就迎来了文艺复兴、宗教改革、地理大发现、资产阶级兴起等重大事件；尽管印刷术不是上述事件的必要条件，但是为它们的到来做了准备。佛教传入（公元一世纪期间）以后，中国才发明了印刷术，但是印刷术伴随佛教经历了经济发展与意识形态甚至政治起飞。然而中国没有经历宗教改革与文艺复兴，而只是在十一世纪文人圈里经历了某种形式的“反革新”——即回归儒家价值——运动，西方人称之为**新儒家**（这个词语在中国不为人知）；新儒家主要以朱熹（1130—1200）及其前任、继承人为代表。但是这个漫长的哲学运动从根本上说并不是宗教运动，而是为了对抗佛教对学者与百姓所产生的巨大影响。因此，在中国，印刷术是佛教与科学的珍贵盟友，而几个世纪后在欧洲，它将是新教与所谓现代科

① 据钱存训所言，载李约瑟：《中国的科学与文明：化学与化学科技之纸张与印刷术》（第五卷第一分册第一部分，剑桥大学出版社，1985 年，第 211、319 等页）。李约瑟在不同地方均采用这一说法，比如在《中国科学与西方》（见前面所引书目）：“我相信谷腾堡知道中国活字印刷术，至少是听说过。”（第 58 页第 4 行）也见同上出处，第 VII—2 卷，第 188、214 页。我们知道，蒙田认为印刷术在中国的发明比欧洲早了一千年。

学的珍贵盟友[1]。位于欧亚大陆两端的这两个地区最大的差异不在于印刷术的效应（知识与信仰的传播与普及，这样的过程显然不可避免），而在于这些效应所导致的后果。印刷术出现在西方的时候，西方信仰体系以及对世界的认识体系即将受到质疑，而新的社会阶层（主要是城市资产阶级）就要取得以前所没有真正拥有的经济权力。这一切都没有在东方发生。在东方，佛教对现存学说进行补充，而不是将它们淘汰；在东方，世界即中国，中国即世界中心，周边都是野蛮人，对于中国，他们除了入侵、抢劫，什么也干不出来；在东方，没有征服世界的资产阶级，有的是帝国（即所谓的“天朝”）官僚，他们往往想象不出，未来会与或远或近的过去大不相同[2]。以上这一切导致印刷术在中国和西方产生了不同后果。此外，要判断印刷术的影响力，不仅要看印刷的图书，还要看读者阶层。圣经及圣诗集在十五、十六世纪不断印刷，用于说服未知世界的人们改信上帝；而经典佛经不过是加强已有教义在中国人以及少量外国人心中的分量，至少在最初阶段是这样的。对中国而言，海外世界还没有开放，也不会很快开放……

---

① 后面那个说法来自杰克·古迪，见《偷窃历史：欧洲如何将自己的历史叙事强加给世界其他地区》，第 340 页。

② 关于佛教传到中国所引起的经济后果，见谢和耐：《五世纪到十世纪中国社会的寺院经济》，见前面所引书目，第 13—24 页及其后。

2. 战斗与征服

要向世界开放，首先要拥有想要对外开放的世界观。古代、古典中国的历史对可能的开放并不感兴趣。然而，这个国家很早就拥有一整套技术知识体系，让她可以开发“世界中心”周围的土地与海洋。很久以后西方才从中受益，而指南针的发现对西方的影响如此显著，甚至改变了整个世界，而不仅仅是欧洲的面貌与命运。

中国人自古以来就了解磁铁的性能，前帝国时期的书籍对此有所记载，差不多同时期的希腊哲学家也有记载。后汉时期的一篇文章第一次指出磁铁具有指出南北方向——即使是大致方向——的功能；此外，被指出来的是南方而不是北方。文章谈到，一只勺子放在地上，能够指出南方。可以推测，勺子带着磁化金属元件，这个元件或许是置于水平面上。中国皇帝坐北朝南，中国人总是站在皇帝的角度阐释空间；因此中国地图方向标总是指向南方，而西方地图则指向北方。王充（27—97）是杰出的反传统作者，他撰写的《论衡》质疑了古代科学与哲学的预设[①]。不久以后，在三国时期（220—280），有人提及“指南车”，多亏了车上的机械装置，即使在行进过程中不断

---

① 见《论衡》，第五十二章，第 173 页（“诸子集成”文丛，上海：上海书店，1986 年，第七卷）。有英文全译本，由佛尔克（Alfred Forke）翻译（1907 年再版，1962 年分两卷出版，纽约：佳作书局）。伽利玛出版社（左飞译）和美文出版社（马克 · 卡利诺夫斯基译）各出版一个法文节译本。此处引用的章节不包括在这两个节译本中。

改变方向，旋转的方向标始终指向南方。一般认为指南车由马钧发明[①]。然而，还要等到公元1000年左右，磁针的特性才会被充分运用于陆地、大海甚至大洋旅行中。根据1027年文献记载，一根短磁针水平放置于一条木鱼中，用于指出方向。直到1088年，独立的磁针才得到记载；不久以后，即1111年，司南出现在文献中，其形状至今不变[②]。在海上航行，随时随地都能找到方向——即使不是找到路，这对航海人来说是个不小的震撼：在此之前，人们只能通过在晴朗的夜空观察星星来辨别方向。然而这项发明没有从根本上改变中国社会和历史，因为在中国宋朝，甚至很久以后，中国人都没有去远方看看的强烈愿望，他们不想知道这个有趣的世界是否仅限于中国及其周边蛮夷。我们知道，在信仰基督教的西方，情况完全不同。

可以肯定的是，这项发明在整个欧亚大陆传播，十一至十三世纪传播给阿拉伯人，十三世纪至十四世纪传播到西欧；这项发明的传播真正要归功于阿拉伯海员，他们比波斯人与印度人更经常出海，后者虽然与西部中国人直接接触，却很少在

---

① 李约瑟在《中国科学与西方》（见前面所引书目，第63页）中提到指南勺，并与公元三世纪发明的指南车相区别（见前面所引书目，第100页）。在别的地方，他指出，指南勺发明于120年（见《中国的科学与文明》，第五卷第二分册，第223页），然而他不知道这是不是磁针这一灵巧装置最早的运用（见同上书目，卷IV—2，第40页）。

② 见李约瑟：《中国的科学与文明》，第五卷第二分册，第224页，以及《中国科学与西方》，第63页第1行及第66页。李约瑟提出假设，认为十世纪以后磁铁用于航海定向（同上第64页），但是没有拿出证据；只有十一世纪和十二世纪有材料能够证实。

大洋航行。我们很有可能确定这项发明的传播人，尽管我们无法论证，也不能说出传播的确切日期[①]。我们知道，多亏了指南针，欧洲船队得以渡过大西洋，到达非洲与美洲。中国为这一远征提供了主要工具，却没有取得相同的成就。自宋明以来，中国航海术迅速发展。在这个时期，中国确实拥有世界上最强大的海上力量，尽管大部分西方历史学家都不知道或者忽略了这一点[②]。实际上，中国航海在明朝发展迅猛，主要归功于航海家郑和。郑和于1405年到1433年七次率领船队下西洋，船队最多时拥有六十三条船。他探索南部海域，收集航道及陆地地理信息，带回异域产品和动物（比如长颈鹿），从印度各岛带回奢侈品，从波斯湾带回各国贡品……他们的足迹直达非洲东岸，或许还到过马达加斯加海岸。郑和船队的航程比日后欧洲人到美洲的航程还要长。这些大胆的远航增加了中国人在航海技术方面的知识，扩大了他们对远方世界的认识[③]。这些远航尤其弘扬了中国作为太平洋与红海之间第一帝国的威望；永乐年间（1403—1424）的这些探险与法国征服、占领越南（1406—1427）完全同时进行。然而，秉持儒家思想的官僚集团反对这些昂贵的远航，他们从中看不到任何好处，以财务危

---

① 李约瑟（《中国科学与西方》，第42页）指出这一点。

② 谢和耐：《中国社会史》，巴黎：阿尔芒·科兰，2005年再版，第二卷，《现代》，第51—52页及其后，第137—138页。

③ 李约瑟：《中国的科学与文明》，第七卷第二分册，第49页注释8（转引自同上书目，第一卷，第143—144页，以及第四卷，第524—525页），在此我们用自己的话进行概述。

机为由中断了这些远航；他们做出这项决定的时候，正与皇宫里争权夺利的太监作斗争，并且倡导预算经济。从那以后，中国开始闭门锁国，重新修筑万里长城，以便抵御北方蛮族的屡次侵犯，而不是尝试收服蛮族，向北方殖民。与当时西方正在发生的事情不同，中国人对远方世界采取的态度不是征服，而是逃避；这种态度不过是古代种族中心主义的反映，是**自我禁锢的回归**。

早在宋朝，中国人就已经拥有精密的制图科学，新发现的领地拓宽了中国人探索的遥远世界。此外，中国人的制图历史源远流长，这门科学诞生于战国（公元前 453—前 254）之前；130 年，张衡发明了定量制图法（地震仪也是张衡发明的），大大改善了中国制图科学。人们在公元前三世纪、公元前二世纪的考古遗迹及这时期的文献中发现活版印刷的地图及评注，证实这门具有重要军事、经济意义（有时候具有神话、宗教意义）的科学取得了重大进展①。制图法在宋明时期明显改进，那时候，中国轮船借助船帆（西方与之不同，双桅战船靠的是划动船桨），可以航行到地球上任何一个地方，从堪察加半岛到马达加斯加。后汉时期，中国人就已经懂得使用艉柱，欧洲人则从 1180 年才开始运用，到十三世纪才运用到汉萨同盟的船队中。

① 人们在湖南马王堆考古遗址（公元前 168 年的古墓）发现保存完好的地图。哲学著作《管子》有一章题为“地图”。《管子》被认为是管子所作，后来列为道家经典，其实这部作品可能成书于公元前三世纪。见李克（W.Allyn Rickett）：《管子：早期中国政治、经济与哲学论》，普林斯顿：普林斯顿大学出版社，1985 年，第 I 卷，第 387 页及其后。

船舵更是使这项很晚才为欧洲人所知的先进技术臻于至善。

为了征服新世界，自然要拥有适当的技术工具（司南、轮船、武器等），要有足够的财力支撑这项伟大的行动，尤其是要有征服世界的强烈意愿。人们可以为宗教信仰牺牲生命，却很少会为了给商人牟利或者传播一项革新技术而赔掉性命；宗教信仰支撑阿拉伯人以及后来欧洲十字军（到近东及南美）南征北战，而这正是中国人所欠缺的。在这个历史阶段，西方从中受益，造福了某些王国宫廷以及寡廉鲜耻的商人。中国显然缺乏这种称霸的意愿，没有这种意愿，即使博学多识、腰缠万贯，也不能兼并已知世界的一部分。中国从来不认为，她的思考方式、宗教、商品应该取代别人的思考方式、宗教、商品，更不会否定别人的文明，至少在这个历史阶段如此。欧洲很久以来就对自己的征服能力沾沾自喜，至今如此；她认为中国绝对没有这种能力，殊不知，要不是中国给她提供了工具，她的征服就无从谈起、无法实现。

征服者的武器不仅包括罗盘，更重要的是炮用火药。不同国家之间便因为这种人们诙谐而正确地称之为“炮舰外交”的东西而相互对抗，几个世纪以后，欧洲人将这类关系中某些令人震撼的方面重新带回到中国。

炸药，即炮用火药，似乎来自中国[①]，大概在公元七世纪或

① 见康德：《实用人类学》，载《哲学著作》，第三卷之《最后的著作》，巴黎：伽利玛出版社，“七星文库”，1986 年，第 1041 页，注释 *。康德写道，炸药“似乎是从别的地方传到中国”，他认为中国人“发现”而不是“发明”（硝、硫的特性），康德这一说法是没有根据的。

八世纪的唐朝投入使用[①]。但是要到1044年，才有文献第一次记载了火药的配方。人们认为，该文献是一部道家著作，与其说是在谈论战争艺术，不如说是在谈论炼金术。火药首次用于战争是在919年，火焰喷雾器制作简陋，其威慑作用可能远远胜过实际效能。燃烧弹于1000年问世，烟火诞生于十一世纪。烟火是大名鼎鼎的烟花的祖先。随后是改良了的喷火器，能够喷射各种燃烧弹，在1120年得到记载。1230年，第一把竹管突火枪最终诞生。直到1280年，火枪才出现在欧洲，但是枪管变成金属，开火、发射的时候更加稳定[②]。1327年，欧洲人第一次记载了军用火药的配方。马可·波罗可能将**黑火药**的配方带到欧洲，但是，从历史学角度看，这种说法并不可靠，不如说是一种传说[③]。大概从十三世纪开始，欧洲人将火药用于烟花制作。而中国人似乎在七世纪唐朝初年就开始使用火药制作烟花。宋

---

① 杰克·古迪:《偷窃历史》，第281页。作者没有采用李约瑟推定的日期，李约瑟在《中国科学与西方》（第17、59页）中认为是九世纪。在该书另一个地方，李约瑟认为，中国和西方分别在九世纪和十三世纪将火药用于打仗，前后相差四世纪（《中国的科学与文明》，第七卷第二分册，第214页）。还有些人认为，是炼金术士、医生孙思邈发现了硝与硫、煤搅拌后爆炸的性能。虽然没能达成长生不死的目标，但是似乎打开了崭新的世界。关于武器的历史，见谢和耐:《中国社会史》，第2卷，第32—34页。

② 李约瑟:《中国科学与西方》，第59—60页，他引用了自己的著作《中国的科学与文明》的结论。

③ 人们认为，在诸多中国技术传到意大利的过程中，马可·波罗（1254—1324）发挥了重要作用，并且认为，马可·波罗将各种面食（水饺、细面条等）从中国带到意大利，其实这些面食来自阿拉伯。尽管很难拿出确凿的证据，但是阿拉伯人（海路）与波斯人（陆路）是中国文明在西方的最重要的传播者。

朝士兵在与北方蛮族作战时使用了火药，这是中国人第一次将火药用于战争；而尽管使用了燃烧弹，蛮族最终还是在中国北方建立了新王朝，即金朝（1115—1234）。我们还可以证实，中国人抵御其他蛮夷即蒙古人时频繁使用火药，然而后者建立了元朝（1271—1368），并且借助炮用火药及轻骑兵征服了从中亚到中欧（其中，俄罗斯在鞑靼的奴役下受苦受难）的广阔地区。我们由此可见，与在欧洲广泛传播的观点（尤其是伏尔泰在《风俗论》中提到这个问题时出了错）相反，中国人很早就将黑火药用于战争，而不仅仅用于无害的节庆活动。

中国人的这项高超发明实实在在地推动了欧洲中世纪的终结：弓箭手及城堡要塞在火炮越来越凌厉、越来越致命的攻击下节节败退，从此失去了绝对优势。在 1346 年 8 月的克雷西战役中，火炮与英国弓箭同时使用，尽管火炮所起的作用更多的是象征性的而不是实质性的。让我们回到 1449 年的法国：国王下令用重型火炮装备自己的军队，在火药的强力进攻之下，英国军队毫无还手之力，法国由此结束了英国对诺曼底的占领。百年战争爆发与火药传入欧洲几乎同时发生，这场战争之所以能够结束，即使不能完全归功于火药，火药至少是其中的部分原因。也是在这个时期，欧洲人用大炮装备他们的船队，即使面对土耳其的强大威胁，他们依然能够独占地中海的控制权[①]。我们知道，火枪和火炮在欧洲人征服美洲时发挥了决定性的作用，让欧洲人与美洲土著作战时能够以一当十；而后者的武器

① 杰克·古迪：《偷窃历史》，第 281 页。

装备只有标枪，这是最简陋的武器，只适用于近距离格斗。因此我们再次看到，尽管这项发明几乎没有影响到中国的社会政治历史，却对欧洲及新世界的命运产生重大影响，第一个承载了基督教有关世界和平的信息[①]。

3. 发明与发现

西方人通常认为，中国文明僵硬固化，其风俗习惯长期保持不变。其实中国文明对发明及发明家充满热情。有一部中国古代著作就中国人的发明列了一个清单并大加颂扬[②]。中国人的大部分发明早于欧洲人，但是很难证明欧洲人后来的发明直接源自亚洲。中国人最引人注目——即使不是最著名——的发明之一，马鞍、马镫诞生于公元前四世纪。公元 900 年，中国人就给马儿套上了胸带挽具，而这种做法直到十一世纪末才出现

① 这种矛盾没有给基督徒带来太多痛苦，尽管在新式武器的使用问题上，人们反复思考武器使用与圣经信息是否兼容。中国人对此非常诧异："基督徒严禁杀人，但是他们制造火炮。"这是谢和耐在《中国与基督教》中转述的话（第 255 页注释 3）。中国古典哲学流派没有禁止任何**高效**的军事技术与军事战略，唯有人道主义——在这个领域很难定义——促使他们拒绝滥用高效的技术与战略。战略家孙子建议，夺取胜利后不要屠杀可用的敌人。道德让步于高效。

② 《世本》，周朝末年（公元前 1054—前 221）无名氏著；其中一章专写古代技术（弓、车、火、农业、历法等）发明者。这本书比较粗糙，没有被翻译到西方。

在西方[1]。将颈圈系在马儿的前胸而不是脖子上，不仅避免将马儿勒死，而且大大提高它们牵拉重物的效率。人们认为，如果埃及人早知道这项发明，他们为法老建造金字塔时就不需要那么多奴隶了。鞍辔也将人类从其他劳作中解放出来[2]。与西方人的一贯看法相反，中国传统农业珍惜人力，中国早期思想家强调了人力的脆弱。鞍辔的发明产生了重大的作用，不仅运用在农业，还运用在食品、运输行业，甚至在人们定居城市时都会用到，因为马儿套上鞍辔拉车，可以运输大宗商品，而且可以长途跋涉。我们看到，这样的发明并非无关紧要，而是对社会、经济生活产生重大影响。

关于马儿，我们还观察到，公元三世纪，马镫由中国人发明，四世纪得到广泛传播与记载，在 477 年得到详细描述[3]。这项发明可能要归功于中国一直以来与之作战的北方蛮族。中国在公元前四世纪模仿马上轻骑兵——主要是匈奴人及其他游牧民族，作战时骑马。在此之前，中国人使用战车作战。这是一种高贵的武器，一般配备一个车长、一个车夫，有时候还有一个弓箭手或者标枪手，若干步兵随护。但是中国君王跟草

---

① 李约瑟：《中国科学与西方》，第 30、78 页。贝叶挂毯证实牲畜颈圈在西方的运用。也见罗贝尔·坦普尔：《中国的禀赋》，巴黎：菲利普·毕基耶出版社，1987 年首次出版，2007 年再版，第 20—23 页。罗贝尔·坦普尔直接从李约瑟的著作中汲取灵感。

② 李约瑟：《中国科学与西方》，第 117—118 页。鞍辔也适用于水牛，中国南方很少用马车，主要用水牛车。

③ 李约瑟：《中国科学与西方》，第 74 页；杰克·古迪：《偷窃历史》，第 256 页。

原上（陕西、山西、甘肃等地）的马上战士交战以后，发现笨重的战车没有用武之地，在沼泽地里很难驾驭。很久以后，马镫的使用在西方战术中产生重要影响[①]。人们将732年10月查理·马特在普瓦捷对阿拉伯人作战中取得的胜利归功于马镫骑兵的使用，或许这样下结论过于草率，然而这是一种向更早以前的中国发明致敬的方式（中国马镫由来自中亚的阿瓦尔人传播给法兰克人）。查理接着发动一场重大的军事组织改革，与上文所述不无干系。

在运输领域，我们应该提到人力或畜力牵拉的独轮车，发明于东汉末期（公元三世纪）。然而，一千年以后，即教堂建设时代，欧洲人才认识到独轮车的好处[②]。那时，欧洲人用雕琢好的沉重石块建造坚固的城堡及大型宗教建筑，需要独轮车输送石块。这种工具在今天看来似乎不足为奇，其实非常需要创新精神！

怎么看待从公元前三世纪到公元前一世纪东汉时期就已经设计好的旋转磨坊与水力磨坊？它们在整个中国的推广比欧洲早了九个世纪。磨坊不仅用于碾磨谷物，后来发展为效率极高的复杂机械，用于带动纺纱机器的运转[③]。这项发明几乎与曲柄

---

① 杰克·古迪：《偷窃历史》，第256页。

② 李约瑟：《中国科学与西方》，第30、79页。中国独轮车将轮子安装在车子中央，而不像欧洲人将轮子装在车子外缘。

③ 李约瑟：《中国科学与西方》，第30、80页。也可见《中国的科学与文明》，第七卷第二分册，第217页及其后；另见杰克·古迪：《偷窃历史》，第249页。

同时诞生，并且这两项发明直接相关。中华帝国成立之初是一个蓬勃创新的时代，将轮转运动转化为往复运动这样的重大问题在这个时期找到了解决方案。另一方面，水力磨坊用来发动风箱，提高金属融化的温度，由此改善了金属的韧性。

说到中国人的其他发明，瓷器不可忽略，因为它象征着中国文化的精致。瓷器似乎诞生于公元三世纪东汉时期，由高岭土高温烧制而成。人们由此制作出几乎半透明的瓷器，能够抵抗轻微的碰撞。欧洲很久以后——直到十五世纪才在西欧多个国家得到记载——才发现高岭土这种物质，尤其是意大利，瓷器现在的西方名字得自这个国家。十七世纪，瓷器在法国广泛流传，到了十八世纪初，多亏了耶稣会士殷弘绪，法国人根据中国高岭土烧制技术充分发展了瓷器工业。殷弘绪是汉学家，在瓷器之都江西省景德镇生活过，熟悉高岭土烧制技术。由于附近有高岭土矿[①]，这个小镇以前是、现在依然是瓷器之都，就像法国的赛福尔和利摩日（德尔夫特以及萨克斯这两个小城的瓷窑烧制的瓷器同样享誉中欧）。在十八世纪及十九世纪的法国与欧洲其他地方，瓷器是一种中国工艺品（chinoiserie），是清朝精致艺术的标志性象征，经常出口海外，被其他国家仿造[②]。我们不会忘记，这项天才的艺术创造在波斯和阿拉伯国家也同

① 汉语“高岭”在法语中记为 Kaolin，是景德镇郊区地名。

② 福楼拜和巴尔扎克特别指出他们笔下的人物对中国瓷器很感兴趣。关于巴尔扎克，请见上文；福楼拜则谈到一个朋友，说他非常热爱中国瓷器，因此很想定居中国（《通信集》，第一部，见前面所引书目，第 660 页，致信他的母亲）。

样出名、深受赞誉，《一千零一夜》可资佐证[①]。

接下来我们简单扼要地介绍下中医，因为中医对西医几乎没有产生影响，至少至今为止是这样。中医的理论基础是中国文明所特有的理论概念，在古希腊哲学家、医学家盖伦（129—216？）传授的希腊概念与西方现代医学中都找不到对应物。说到中医，我们会想到气，想到阴阳能量及身体各器官之间的相互感应，这都是欧洲医学——替代医学除外——所没有的。比起气所携带的能量，西方人更关注体液；欧洲医生更倾向于给病人放血或者输血，却没有努力让这些能量循环起来。中医这项中国人的“发明”是围绕中华文化及深受中华文化影响的亚洲文化所特有的概念与实践建构而成。中医的发展当然是循序渐进的。对中医治疗法的记载最早出现在商朝（公元前1766—前1054？）最古老的占卜著作中，然后是在周朝的史书，最后是在汉朝。《黄帝内经》是第一部著名的中医论著，这部无名氏之作可以追溯到公元前四世纪，但是成书的时间比较晚，最早是在汉朝。直到近几年，人们才将中医疗法运用到西方医学的思想与实践中，而且是以实验的半官方的名义。在公元前580年之前，针灸就在中国文献中得到记载，而古老的文献和（新石器时代）考古遗址证明，在那个时期，针主要是石头做的。中药制作由来已久；其中，有一种可以抵抗疟疾的中药制作于公元前三世纪（帝国初期）；在公元前二世纪（西汉初期），中

---

① 见《一千零一夜》，贾美尔·艾迪娜·本谢科与安德烈·米盖尔译，巴黎：伽利玛出版社，“七星文库”，2005年，第I卷，第571—572、879、965页（第115、116、215、250夜）。

国人提出将动脉血液循环与静脉血液循环区分开的理论；艾灸疗法似乎与针灸疗法同时诞生[①]。再后来，在十世纪（唐朝），人们发明一种打疫苗的方法，为病人接种少量天花。中医很长一段时间对西医无动于衷，反之亦然。因此我们无法讨论中医、西医对彼此欠下的债[②]。就像李约瑟提到欧洲人时所写的，“当他们想到中医的时候，很多人以为这是一种奇怪的过时的民间医学。实际上，这是一种伟大文化的产物，一种复杂程度和精细程度与欧洲文明相媲美的文明的产物”，针灸和中药亦如是[③]。

中国人的灵巧也展现在风箱、活塞、旋轮、弩、风筝等多个领域，在此不予详述。长期以来，西方人认为中国思想非常落后，甚至认为不存在所谓的中国思想；然而，在一些或多或少附属于医学的科学领域，我们可以真正领略中国思想的典雅。

---

① 李约瑟（《中国的科学与文明》，第 217 页及其后）认为针灸诞生于公元前八世纪，艾灸诞生于公元前三世纪。但是我们发现，中国古文献往往同时提到这两种技术。公元前 139 年，道家集大成之作《淮南子》（第七篇，第 5a 章）（雷米 · 马修翻译，《道家哲学家》第二部，白光华与雷米 · 马修主编，巴黎：伽利玛出版社，“七星文库”，2003 年，第 304 页）提到这个问题。公元前四世纪（？），《孟子》（第四篇，第 A—9 章，第 297 页）对此也有所影射，（“诸子集成”文丛，第一卷，译者白光华，收于《儒家哲学家》，见前面所引书目，第 402 页），该书的中文注释说得很清楚。《庄子》（第二十九章，第 433 页）（“诸子集成”文丛，第 III 卷）大约成书于公元前四世纪或公元前三世纪，也是最早提及这两种技术的著作之一。

② 接下来我们还会谈到中国与西方对彼此的无知。有关中医在当前中国的状况，见艾丽萨贝尔 · 苏：《中华人民共和国的传统中医：从被创造的传统到替代现代性》，载《今日中国思想》，见前面所引书目，第 214 页及其后。

③ 李约瑟：《中国的科学与文明》，第七卷第二分册，第 31 页。

举个例子：据证实，263 年，刘徽为伟大的数学著作《九章算术》作注时，将 π 值精确计算到 3.1416；《九章算术》这部书撰写于东汉时期，大约在公元一世纪或者更早以前①。同样是在汉朝，人们已经成功计算出数字的原根。我们在下文会提到，中国人的数学长期领先于欧洲人和阿拉伯人。从帝国初创直到宋朝甚至明末，中国人的数学显然没有受到外来影响②。在早期耶稣会传教士来华之后，事情发生了深刻的变化：基督教西方给中国带去了技能与无知。

---

① 李约瑟，见前面所引书目，第 XXXI 页。这部重要著作由林力娜（Karine Chemla）和郭书春译成法文，《九章：中国古代的数学经典》（*Les neufcha pitre. Le classique mathematique de la Chine ancienne et sescommentaires*），巴黎：度诺德出版社，共 1117 页。也请见蔡内清：《中国数学史》，卡奥卢 · 巴巴及卡特琳娜 · 甲米译，巴黎：贝兰出版社，2000 年，有关圆周率的计算，见第 30—41、45—46 页。

② 见李约瑟：《中国科学与西方》，第 41 页。

三、回忆与遗忘

当西方想要认识东方的时候，便向东方派出最好的人才。但是要理解人们不愿意看到或听到的东西，仅有认识的意愿是不够的。一直以来，中国崇尚统一，尤其是中华帝国建立以来。尽管中国拥有多种方言和语言，尽管人们听不懂彼此说的话，但是通过宗教信仰、文字与法律的统一，中国大体完成了国家的统一。中国克服了混乱历史中的种种意外，最终成为政治统一体。十六世纪末，当欧洲真正发现中国时，欧洲已经分裂成众多国家与王国，是一座语言与文化的巴别塔。欧洲唯一的统一在于宗教的统一。欧洲人大多信奉天主教（至少一开始并不存在新教和东正教传教团），拉丁语是被派到世界各地向原住民——他们翘首以待真正的信仰——传教的神职人员的通用语（*lingua franca*）。中国的领土面积有一块大陆那么大，其历史也和一块大陆一样漫长、复杂，但是，在面对这些西方蛮夷——他们像僧侣一样身着奇装异服——的时候，由于某种原因，这个国家自认为是一个紧密结合的整体[①]。

1. 论真正的信仰

基督教是西方给予中国的首份“馈赠”。对西方人来说，这是最美的“馈赠”，但是对大多数中国人而言，这是最轻的馈赠。我们已经知道传教的困难所在：用基督教中个人的、超验的上帝代替中国人崇拜的无人称的、内在的上天[②]。比起在事物和谐中起调节作用的没有道德意图的道的理念，还是应该更加喜欢具有强大意志力、报复心重、外表严肃的创造者、破坏者——上帝。基督教首次进入中国就没有未来：景教从 631 年起在这个国家西部落脚，却没有推进到整个中国社会[③]。天主教取得的成果无论从质量还是数量看都微乎其微。皈依基督教的中国人非常少，而且与其说他们皈依基督教，不如说他们皈依的是融合了中国宗教与基督教的混合性宗教。1650 年，耶稣会

---

① 为了不让中国文人感到困惑，耶稣会士决定脱下西方神父所穿的服饰，改穿和尚的黄袍，他们认为这是最具“地方色彩的”的，但是文人瞧不起这种粗鄙的服饰。传教士后来改变主意，穿上儒生的服装。

② 见谢和耐：《中国与基督教》，第 264 页。

③ 781 年的西安府景教碑可资佐证，该碑出土于 1625 年。在 431 年的爱非索斯宗教会议上，聂斯脱里遭到罗马教廷的批判。见谢和耐：《中国与基督教》，第 148 页。

士汤若望在北京创建第一个基督教堂，然而这样的成功掩盖不了传教事业在普通百姓当中所遭受的挫败。传教士对这种不完全的失败深感苦恼，也只能无奈地接受。佛教传入中国的时候也遭遇了这种现象，为了满足传播事业的需要，佛教只能“与道教相融”。为了吸引政治当局与文人，耶稣会士违背常规，提出皈依基督教的科学主义路径：首先从理智上理解上帝，然后通过信仰接近上帝。首先示之以科学证据，信仰自然随之而来。自然这种构造不仅有其逻辑性，而且可以量化；试图证明西方科学——基督教的（人们绝口不提阿拉伯穆斯林的贡献）科学——比中国科学更胜一筹，而且暗含了全能神崇拜。

2. 论真正的科学

在西方科学史上的这个阶段，西方科学无论是理论还是实践都在飞速发展。中国数学在公元最初几个世纪领先于欧洲，然而在具有较高数学与哲学素养的耶稣会士来华时，中国数学就过时了[①]。具有科学素养的中国文人除了发现代数及其方程式，

① 见《中国数学史》，前面所引书目，第 123—150 页，也见让－克洛德·马尔特兹罗夫（Jean-Claude Martzloff）：《中国数学史》，柏林：斯普林格出版社，1997 年，第 111 页及其后。这两本书详细阐述了欧洲人在数学上的贡献。

很早就洞悉了无穷大这一概念；但是这种显著的超前大概止步于宋朝。传教士带来崭新的数学知识——尤其是在中国本就不足的几何与对数学科上，因此在学者和皇族当中大受欢迎，至少在最初阶段如此。在中国人尤其是西方人的记忆中，西方的数学水平领先于中国，后者认为这是亚洲科学始终落后于欧洲的无可辩驳的证据①。然而，这是明末清初的事实，之前的情况正相反。

西方在科学上的另一个贡献体现在天文学及其科学工具。中国从古代起便拥有丰富的天文学知识：天体运行周期、日食月食的预测、彗星的轨迹及出现频率②、流星、超新星、太阳黑子、月历等。但是西方观点尤其是西方技术的到来持久地扰乱了中国学者的认知，亚里士多德、托勒密、哥白尼、开普勒及伽利略等人的思想给他们带来很大的冲击，他们坚信这些都是

---

① 我们想到托克维尔发表于1840年的评论："欧洲人漂洋过海来到中国的时候，发现那里各门艺术几乎都达到完美水平，但是那里没有产生真正的科学。"见《托克维尔全集》之《论美国的民主》，第二卷，巴黎：伽利玛出版社，"七星文库"，1992年，第558页。以上所引段落非常著名，其中关于中国科学停滞不前的陈腔滥调长久以来在欧洲深入人心。

② 公元前240年，中国古文献首次记录了哈雷彗星的出现，其后又记录了近三十次。记录鲁国编年史的《左氏春秋传》是中国最古老的史书之一，这部书记载了众多天文现象，视之为政治、社会动荡的前兆。见顾德芬的法文译本：《鲁国编年史》，巴黎：卡萨西亚出版社，1951年再版，共3卷。

新思想[①]。那时候，罗马教廷虽然千方百计压制哥白尼革命，却反而促成这一革命传遍世界。中国人制造了很好的计时器（漏壶和钟表），但是西方人给中国钟表行业带来很大的贡献，尽管一开始他们提供的机器精准度很不稳定[②]。最极端的现象是，已经臻于完善的中国漏壶比西方人的钟表走得更准；那些不可靠的机器及其所有者因此声名扫地。然而，多亏了伽利略发明的天文望远镜与比例规，中国天文学家得以更加精确地观察天体。

从清初直至 1826 年，欧洲人在钦天监占据重要岗位。博学的耶稣会士取得了累累硕果，展示了他们在天文学上的才华，于是，1629 年，传教士在皇宫里实施了历法改革。1644 年清朝建立之后，这项改革取得了初步成效。中国首次历法

---

① 西方科学与信仰传入中国经历了漫长的过程，给中国知识分子带来很大的震撼，有关这个问题，请见《剑桥中国史》第八卷《剑桥中国明代史（1368—1644）》下卷第十二章“天学：基督教及其他西方思想引入晚明中国”，崔瑞德与牟复礼著，剑桥：剑桥大学出版社，1998 年，第 789—839 页。在利玛窦生活的年代，西方并不完全接受哥白尼和开普勒的观点，因此他们在中国的传播也是偶然的。见李约瑟与王铃：《中国的科学与文明》第三卷《数学与天地的科学》，剑桥：剑桥大学出版社，[1959]，1995 年再版，第 171 页及其后，又见有关“西方科学或新式科学？”的辩论，第 447—451 页。艾田蒲提到，尽管伽利略在 1612 年就为中国人所知，他的观点直到 1865 年左右才被传教士接受（艾田蒲：《中国之欧洲》第二部，第 17 页）。

② 早在 725 年，一行开发了第一批具有擒纵器的钟表。见杰克·古迪：《偷窃历史》，第 157 页；李约瑟：《中国的科学与文明》，第七卷第二分册第二部分，第 24 页；同上，《中国科学与西方》，第 17、69、173 及 206 页。有关欧洲早期钟表进入中国及中国人的强烈反响，见谢和耐：《中国与基督教》，第 89 页。

改革发生在公元前 104 年，这次改革深刻改变了中国人的计时体系，就像公元前 45 年儒略历在西方引起震荡一样。服务于清廷的传教士的改革让我们想起 1582 年的格里高利改革，或许后者间接引发了前者的发生。在此期间，邵雍（1011—1077）精确计算出太阳年的长度，只有几秒钟的误差。天文学在中国占据重要位置，其分量比在欧洲还重，因为天文学通过揭示异常天象来解读人间的政治功能紊乱。因此，天文学与占卜、历史密切相关，现在时（le présent）构成中国文明中这两个重要领域的接触面，而占卜与宗教大有关系。传教士提供了工具和算法，中国人则**根据惯例**予以解释，并在君王的理解范围内对他进行教育。中西方天文学最大的不同不在技术层面，也不在意识形态层面；这两种科学都是它们各自文化的产物。在基督教思想中，宇宙由上帝创造，它静止不动，可以穷尽，是由规则支配的完美的、不变的机械。在中国思想中，天地一直在演变，是一个无穷尽的部分神秘的过程，需要人类不断去适应。特别是在道家思想中，神秘是事物本质的一部分，因为**道**在不同模态下的复杂性叫人无法理解，这正符合人类的本性。

以上某些评论适用于制图科学，因为明朝中国不怎么了解非洲，更不用说美洲。利玛窦与其他学者（不管是耶稣会士还是其他教派传教士）做出了决定性的贡献，打开了崭新的地理视野，完全颠覆了中国人的思想：他们以前认为地球四周环绕着“四海”，大地是“四海”之中质地均匀的扁平四方形；如今他们才知道，地球是一个包含很多块大陆的球体[①]。荷兰人南怀仁（1623—1688）被年轻的康熙皇帝（1654—1722在位）任命为北京钦天监监副，他绘制了天地之图，于1674年付梓，改变了中国人对领土与远洋的观念[②]。传教士不仅绘制了世界地图，还绘制了中国地图：1718年，服务于宫廷的法国传教士出版了《中国地图全纪录》（*Atlas général de l'Empire*），这是第一幅现代中国地图集（但是这些传教士无法前往西藏，鲜有外国人能踏入这片保护地）。在这部地图集出版之前，十八世纪初康熙年间，巴多明神父（1665—1741）在杜德美神父的指导下出版了《中华帝国及鞑靼地区平面图》（*Relevé de l'Empire chinois et de la Tartarie*），汇聚了中国所有区域地图[③]。

就像我们看到的那样，数学领域的革命早有预兆[④]。直到帝

---

① 1602年利玛窦为中国皇帝绘制的《坤舆万国全图》即为范例，载《剑桥中国史》第八卷《剑桥明代中国史》，第805—806页及注释90。

② 见米娜高·德贝尔格：《南怀仁神父的地理学著作及世界地图——世界形象的转变》，载卡特琳娜·甲米及H.德拉艾主编：《欧洲在中国：十二、十三世纪科学、宗教、文化互动》（*L'Europe en Chine, Interactions scientifiques, religieuses et culturelles aux XIIe et XIIIe siècles*），巴黎：法兰西学院—高等汉学研究所，1993年，第205—216页；又见：李约瑟与王铃：《中国的科学与文明》之《数学与天地的科学》，第450—451页。

③ 引自艾田蒲：《中国之欧洲》第二部，第20页。1711年，杜德美神父写了几封信，谈论他的这项任务，载《在中国的外国传教团所写的富有教育意义而有趣的信件》（*Lettres édifiantes et curieuses écrites des missions étrangères...en Chine*），第18卷。伏尔泰了解巴多明神父的工作。

④ 见《剑桥中国史》第八卷《剑桥明代中国史》，第806—809页，尤其是薮内清《中国数学史》，前面所引书目，第131页及其后。

国诞生之时即汉初，中国数学科学才真正面世。在此之前，我们只能在哲学著作中找到少许基础算术的痕迹[①]。后来，中国人用于计算的一般工具是算盘与算筹。人们认为，远古中国人发明了结绳计数，以此进行最简单的计算（包括《易经》在内的古文献有所记载）。就像我们前面提到的，这时期最重要的数学专著是《九章算术》。这部著作还有个优点：263 年，刘徽为之作注，并传至今日。人们认为，这部书在算术和代数方面超过希腊数学，但是在纯粹的几何学方面则略逊一筹。几何一直都是中国数学的弱点[②]。爱因斯坦认为，相对于欧几里得几何，中国科学存在先天不足。希腊科学的这一分支衍生于埃及科学，中国科学与之相反，是在封闭孤立的状态中发展，没有外界的刺激与竞争。在首批欧洲学者到来之前，中国数学家与天文学家就取得了重大进展。在众多榜样中我们只取一个，但这是多么富有象征意义的榜样啊：天文学家、数学家祖冲之（429—500）推算出圆周率 π 的精确值在 3.1415926 以及 3.1415927 之间，直到 1573 年，多亏了德国数学家瓦伦丁·奥托，欧洲才达到这种精准度，而那已经是十一个世纪以后，也就是耶稣会士来华前夕了。宋朝数学比欧洲超前大约五百年；同样，在欧洲人发现“帕斯卡三角形”三百年前，中国人发现了“杨辉三角

① 例如，我们在管子（公元前四世纪？）著作中找到乘法表，在同一时期，《墨子》中有一章给圆下了定义。所有古文献都提到角尺、圆规、墨线（我们的“铅垂线”）以及水平仪。

② 薮内清转引了小金仓之助的观点，《中国数学史》，第 29 页注释 *。

形”或曰“贾宪三角形”①。在元朝军队向亚欧大陆中部扩张的过程中，所谓“穆斯林”（阿拉伯与波斯穆斯林）数学为中国科学做出贡献，而在这之前，宋朝伟大的数学家杨辉（1238—1298）就以他对“魔方”的发现彪炳史册。零的使用也开始于这个硕果累累的时代；1247 年，秦九韶（1202—1261）提到并使用了零，将它写成 0 ；而在当时，由印度人发明、阿拉伯人传播的零还没有在信奉基督教的欧洲出现。

漫长的明朝见证了学院派数学的衰落；正是在这个历史时期，西方科学不期然闯入远东②。耶稣会传教士用汉语出版的第一部数学著作是发表于 1607 年的欧几里得的《几何原本》（部分由利玛窦在徐光启帮助下翻译，利玛窦的老师克拉维乌斯作注）。同一时期，毕达哥拉斯同样经由耶稣会士传入中国。还是在这个时期，三角函数进入中国，接着，十七世纪中期，对数表（1614 年，英国人约翰·奈皮尔发明了对数）经由耶稣会士穆尼阁传授进入中国。可以说，以传道为目的，**为了上帝更大的荣光**（*ad majorem Dei gloriam*——耶稣会箴言），当时欧洲的

---

① 见薮内清，前面所引书目，第 77、80 页。

② 见薮内清：《中国数学史》，第 123—150 页；又见卡特琳娜·甲米：《西方数学在中国（1607—1782）》，法国教师培训学院讨论会论文，圣－德尼斯，1998 年，第 117—125 页。更多内容，请参阅卡特琳娜·甲米以及 H. 德拉艾主编的《欧洲在中国：十二、十三世纪科学、宗教、文化互动》中的阐述，见前面所引书目，其中，让－克洛德·马尔特兹罗夫研究了中国对天文学领域欧几里得论证法的接受，卡特琳娜·甲米讨论了十七、十八世纪中国文人眼中的数学史。关于零的出现，也请见让－克洛德·马尔特兹罗夫：《中国数学史》，第 204—208 页。关于欧洲数学在中国的接受，请见同上，第 371—389 页。

一切数学成果，只要在神学可接受范围内，耶稣会士都传授给了中国政府[①]。在清朝，包括康熙大帝在内的伟大皇帝对西方数学非常感兴趣，康熙皇帝尤其喜爱几何——欧几里得体系中的新兴科学。在去世前十年，康熙皇帝下令创办数学科学院。接下来我们将会饶有兴致地观察到，当时中国人出现了某些民族主义的反应，他们试图证明这些“蛮夷”的科学（比如代数）来自中国科学，而这一次他们完全搞错了[②]！

3. 论真正的现代性

鸦片战争结束后，中国被迫签订一系列不平等条约，备受凌辱，这种民族主义情感表现为中国人对本国科学的自贬。新一批传教士来华，这次主要是盎格鲁－撒克逊新教传教士，他们的到来开启了新一轮西方科学著作翻译浪潮，以图弥补中国在技术上的落后。英、法、德、美等帝国主义者于是伸出了长鼻子，随后日本也置身于狼吞虎咽的食客中间。在动荡的中西

① 地球在太阳系处于什么位置这一问题在十六世纪末引起争议，当时耶稣会士还没有表态支持伽利略。哥白尼和开普勒的日心说也是如此，长期以来不为人知。见薮内清：《中国数学史》，第 149 页。

② 梅文鼎（1633—1721）及其孙梅瑴成（1681—1763）秉持这种观点。传教士深信中国人以前就了解圣经，之后中国人的典籍掩盖了圣经的最初意义。梅文鼎与孙梅瑴成不过是以其人之道还治其人之身。见薮内清：《中国数学史》，第 141 页。

关系史上，十九世纪被视为受到诅咒的世纪，因为十九世纪带给中国的更多是伤害，而不是“现代性”（“现代性”这个词本身不适用于这个时期的中国）。突然，一切来自西方或者貌似来自西方的东西会让中国人产生**令人不安的陌生感**，即便不说是深深的不适感。铁路和开矿技术也是如此。基督教及其独特的礼拜仪式往往会引起中国人的排外情绪，有些中国人虽然赞成快速模仿西方，却很难克服这种情绪。十九世纪中叶，各国开展以强大的海军实力为后盾的海上角逐，1884—1885 年中法战争结束以后，直到那时一直处于中国控制之下的安南被法国占为己有。时至今日，这一切都只给中国人留下不愉快的回忆。那时候日本处于明治时期，成功地抓住了应该抓住的转型机会，而中国故步自封、谨小慎微、倒行逆施，在直到 1911 年中华帝制覆灭的漫长时间里，中国人始终对西方人持这种态度[①]。直到近期，即从 19 世纪 80 年代初开始，中国人对西方舶来品的态度发生了变化，这种态度的转变最终将这个国家带上一条崭新的道路，从经济上征服外部世界与内部世界。下文我们还会谈论这个问题。

以上我们简单回顾了西方科学进入中国的过程，得出两个启示：第一，我们证明，中西方两种科学最终真正相遇了，而在此之前，它们彼此不了解，因此互不关心。尽管由于源语言

---

① 关于这个对比强烈的复杂时期，见贾瑞德与费正清：《剑桥中国史》第 11 卷《剑桥中国晚清史（1800—1911）》下卷，剑桥：剑桥大学出版社，1980 年，第 199—201 页。关于中国对明治时期现代化转折期的不理解，见同上，第 343—347 页。

(拉丁语与希腊语）及汉语中缺乏**定义**这一概念[①]，这次相遇遭遇了很多技术难题，但是中国科学还是受益匪浅，虽然受益者仅局限于少数精英——传教士决定首先寻求这部分中国精英的支持。进入西方的中国技术（罗盘、艉柱、火药、独轮车、纸张等）引起大部分西方人的注意，与此相反，相对于中国众多人口及普通百姓日常生活的需求而言，欧洲对中国的馈赠显得比较单薄。第二，天主教信仰在传教士眼中至高无上，为了传播这个宗教信息，他们决定首先向中国人传授西方科学，然而西方科学征服了中国人的大脑，却没有征服他们的灵魂。科学与信仰这两个类别相互混淆不利于信仰的传播，反而在中国人心里留下这样的形象：西方远离普通中国人物质生活上的烦恼，即使不说远离他们的灵魂。总而言之，我们认为，传教士带来的这些知识几乎没有改变中国的历史进程，只是影响了皇宫里的达官贵人，当然也包括皇帝本人。西方在技术、智力以及精神各领域带给中国的东西给中国人留下了苦涩的回忆，在中国历史著作中留下的形象具有强烈反差。中国与西欧对彼此的馈赠具有很大的差异，彰显了两者交流过程中的不平衡，人们从未停止核对其中的不公平账目。

---

① 不管是数学——西方科学谈论的是公理、公设——还是哲学，中国思想都没有严格意义上的定义；一个词语的意义取决于其语境、作者、谈论的话题、写作的时间及其他因素。

四、为了结束屈辱

十九世纪末，西方和日本对中国的凌辱达到登峰造极的地步，与此同时，中国开始反思自己而不仅仅是思考他人。这是帝制覆灭的前夕，在很多方面与十九世纪中后期俄国的情况极为相似。知识分子在两种表面矛盾的想法中左右为难：如何借鉴西方成果，同时肯定这个国家根本的、传统的甚至是起到奠基作用的社会准则，以便使这个国家摆脱落后的面貌，弥补技术上的滞后，破除陈规陋习（任人唯亲、贪污腐败、社会政治制度因循守旧等等）。鸿沟不仅存在于两个阵营之间，也出现在同一团体的政治思想家之间，他们想要在弥补中国技术落后的同时保留**中国性**，又不想陷入欧洲的议会制及无法落实的民主中。这个问题首先在文学作品中提出来，后来严格意义上的政治圈也开始思考。和十月革命爆发之前的俄国一样，中国皇帝优柔寡断，只能任由两个阵营争论不休。之后发生的事情我们也都知道了……

十九世纪末，中国被西方列强摧毁、瓜分；当时中国的政权既专制又无能，缺乏最起码的政治效率。慈禧太后的漫长统治终于在 1908 年政治与社会混乱中结束，不过她的统治至少引发了中国人对中国世界地位的丰富思考。每一次军事失败都导致新一轮的领土割让和商业妥协，随之而来的是对国家与民族未来越来越焦虑的思考。正是这种民族主义情绪导致制度改革一再推迟：外国人欲壑难填，侵犯了这个国家，侮辱了中国君民，激起了中国人的深仇大恨，怎么能够以之为师？李鸿章（1823—1901）这样的铁腕人物努力打造名副其实的中国军队与中国海军，同时寻求与帝国主义者妥协。1894 年对日作战失败，中国被迫签订《马关条约》，将台湾割让给日本，标志着振兴之梦破灭，预示着帝国及其崇古、厚古的阿谀奉承者开始走上终结之路。康有为（1858—1927）倡导君主立宪制的改革这一乌托邦式的行为虽然几乎没有改变中国历史，却在中国人头脑中打下深深的烙印；之后，在林肯美式民主的启发下，孙逸仙（1866—1925）于 1912 年初创立了中华民国。

在这整个动荡时期，中国——至少是某些精英——最大的优点便是在智力上向西方开放，而这并非时代使然。正是这一历史时刻开启了翻译西方科学、文学著作的伟大工程，这一运动持续至今[①]。众多中国大学生前往欧洲、美国学习文学与科学，以便为“世界中央之国”谋求更加激动人心的未来。有些人没有回国，有些人则回到祖国，在新生的共和国里为寻求崭新的道路做出自己的贡献。他们讲述了有关西方政治生活的见闻，各方面多少适用于中国传统。从二十世纪初旅居国外的人——

① 几个世纪以来，只有几千册中文著作被译成西方语言（其中包括几十部经典）。然而，仅仅是在二十世纪，就有上百万册西方著作被译成中文；由于全球化的（尤其是与美国）智力交流蓬勃发展，这一数字还在持续增长中。

一般是留学生——当中诞生了几位风云人物，他们将成为整个远东地区各个共产主义政党的领导干部。法国这方面，我们知道，周恩来（1898—1976）（先后留学日本、法国、英国、德国）与邓小平（1904—1997）（留学法国）及其他很多人[①]都走过这条独特的、让他们受益无穷的道路。最近几十年里，旨在派遣受过教育的年轻人出国深造的政策继续得到贯彻：1978 年有 870 个留学生，2008 年有 120 万，到今天人数就更多了[②]。从帝制终结到共和国初创这一漫长的过渡期内，在 20 世纪 80 年代初邓小平政权领导中国走上新道路从而开启当代新纪元之前，马克思主义（至少是东方主义者所阐释的马克思主义）是西方给予中国的最后一个馈赠。

1. 新共产主义

马克思列宁主义为中国提供了一套政治方案，确立了中国传统上未曾出现过的政体，为中国历史做了独一无二的贡献。

---

① 这里不仅包括东南亚以前的共产党领袖，他们曾经进入法国大学学习马克思主义。我们自然会想到胡志明（1890—1969，先后留学伦敦、勒阿弗尔），想到波尔布特（1928—1998，1949—1953 年间留学巴黎）等人。

② 郑鹿年（Zheng Lu-nian）、达尼埃·阿贝尔（Haber Daniel）：《中国—西方：二十一世纪的大误解》（*Chine-Occident. Le grand malentendu du XXIe siècle*），巴黎：拉饵马坦出版社，2010 年，第 21—22 页。我们还不知道 2011 到 2013 年这几年的数据。

中华民国的所谓民主机构（1912—1949）消失在军阀混战、日本侵华、内战等构成的流沙之中，从来没有赢得繁荣或者类似民主的希望。在这个混乱时刻，中国重新沦为列强的傀儡，他们在中国土地上互相对峙，建立自己的势力范围（日本、美国、苏联、大不列颠帝国、殖民者法国等等）。1949 年 10 月，中华人民共和国成立，转变了这个国家之前一切政治特征，其国民视之为天命的变化，即革命[①]。中国社会主义思想的历史还没有写出来，不过观察家们不会忘记，中国领导人改良工运中心主义学说，使之适用于这个大部分地区是农村的国家，就像 1917 年之前俄国领导人所做的那样。1919 年 5 月 4 日，中国爆发政治文化危机，开启了质疑传统政治思想、引进马克思主义、寻求所谓的“欧洲”方案以解决中国沉疴痼疾的进程[②]。马克思主义理论中没有一个观点采用了古典中国或古代中国真实或虚拟的政治体系，因此为了吸收马克思主义理论，有必要在其中融

① “革命”一词源自最古老的文献，如《书经》（讲述世界起源的史学经典）。尽管从词源上来说，“革命”指帝王改年号或朝代更替，但是在现代汉语中，这个由两个单字组成的词语被选出来指代 révolution 的意思。

② 关于 1919 年五四运动，可见前文。《剑桥中国史》第十二卷《剑桥中华民国史》（1912—1949）上卷（费正清著，剑桥：剑桥大学出版社，1983 年，第 406 页及其后）详细阐述了这个问题。可以说，五四运动是现代中国第一次文化革命。

入所谓的中国理论元素[①]。要将一种外国理论吸收到自己的文化体系中，势必要改变这种理论，有时候甚至要彻底改造这种理论，使之首先易于被人接受，其次适用于具体的新颖的形势。于是，就像我们所看到的那样，毛泽东从法家理论中汲取灵感。在抗日战争及内战期间，毛泽东带领一支主要由农民组成的军队发起一场人民战争，参考了孙子的战略观点及列子的思想[②]。共产党的文学不断将领导人阐释的主题中国化，战士们阅读起来，感觉这样的文学有一部分来自中国传统（共产党习惯于打造五言词组用以描绘政治动向，因为传统上“五言”能产生经典化的效果）。中国共产党现在为了保证社会**和谐**所提出的口号就是直接取自儒家学说的词汇。在政治路线方面，对**中庸**的追求让人想起孔子的另一个教导，即杜绝极端立场，因为极端立场破坏力量的均衡。在这方面，旨在改造而不是消灭人的观点属于儒家传统思想，而不是纯粹的斯大林做法（两者并不相

① 此处显然不适合对中国共产主义的来源及中华人民共和国的历史做一番考证。有很多优秀著作可供参阅，如阿兰·卢克斯:《人民中国》（*La Chine populaire*）第一卷之“中国社会主义制度的建立（1949—1966）”，巴黎：社会出版社，1983年；更多内容也可见阿兰·卢克斯:《二十世纪中国》，巴黎：阿尔芒·科兰出版社，2006年。关于中国共产党，见雅克·吉耶尔马兹:《中国共产党历史：从建党之初到夺取政权，1921—1949》(*Histoire du Parti communiste chinois. Des origins à la conquête du pouvoir*, *1921—1949*)，巴黎：拜优特出版社，2004年再版，该书是中共党史经典之作。

② 有关著名的寓言《愚公移山》，参见《列子》第五篇第二部分，第55—56页（诸子集成文丛，第III卷）（雷米·马修译:《列子·冲虚真经》，巴黎：Entrelacs出版社，2012年，第228—230页）。

悖）。中国政府采取以上语言策略是为了让中国民众理解他们的政策；不过，最重要的是，在中国千年历史中，外国（都是欧洲的）学说和理论家第一次提供了被认为可持续的方案，用以确定中国的政治方向。

如果有可能做调查的话，估计只有少数中国公民不承认中国开始在世界民族之林中占据重要位置。就像毛泽东宣布的那样，中国从此“站起来了”，再也不被强大的野心勃勃的“洋鬼子”玩弄于股掌之中了。一个世纪以来，中国领导人与中国人民受尽外国人的欺凌，人民共和国的建立终结了这一切，令所有人为之一震。接下来的任务，就是在中国建设真正的共产主义制度。

2. 红色中国的形象

中国领导人采取了西方政治学说，就因此有效改变西方人眼中的中国形象了吗？事实正相反。几个世纪以来，西方人对“黄祸”的忧虑像幽灵一般挥之不去。到了斯大林时代，西方人担心中苏两国联手，加上担心中国有意将革命火种传遍世界，传递弥赛亚式的革命信息，西方人对中国的种种担忧由此被激活了。在西方人看来，为了养活众多人口，中国肯定需要更多土地，为了更好地掌控这些土地，中国难道不是要对外输出革命？与苏联决裂后，中国鼓励建立新的马克思列宁主义政党，却无法平息西方人的巨大恐惧（在法国乃至欧洲任何一个地方都是如此）。在“无产阶级文化大革命”期间，中国人的革命口号似乎适用于任何发达国家与不发达国家，西方感受到威胁的不仅有马克思主义意义上的**生产关系**，还有最根本的“文化”原则，因此西方人的恐惧达到了顶点。那时候，中国比任何时候都更接近西方，但是也比任何时候都更加让西方感到害怕，因为她有能力扫除包括科学社会主义的一切既定真理。中国人认为，革命可以使人变得完善，甚至可以造就专门服务于团体乃至广大民众的“新型”社会人；有问题的既不是共产主义，也不是革命信息中的**中国性**。中国似乎反过来将革命信息转给发送人，而且采取的观点比发送人想象的更激进。

五、他者问题

1. 论野蛮

直到二十世纪初，内部世界（中国人民）与外部世界（其他人民）在中国人脑海中占据着大小不一的空间。一开始(十九世纪末到二十世纪末)，他者性几乎等同于野蛮性。我们在上文已经提及，帝国主义在华勾当导致一系列重大事件发生，精英知识分子由此开始思考，野蛮人是不是拥有什么秘密“武器”，才能威胁到此前令人胆寒的中华帝国；政治家中只有少数几位做如此思考，他们过于依恋现有体制。中国人的这种态度由来已久。自古以来，备受中国鄙视的民族扰乱甚至侵犯中国，迫于形势，或者迫于前者的军事力量，中国不得不对他们刮目相看[①]。如果我们翻阅中国历代王朝在史书中对所谓“野蛮”王国的论述，我们就会发现，这些国家的人民不仅不为人所知，而且通常被认为是危险的。中国人认为这些野蛮人无法贡献文

---

① 在前帝国时期，汉族以外的各民族（狄、胡、戎等）占领了中国北边、西边部分领土。在汉朝，匈奴人做了同样的事情，逼迫汉朝皇帝时不时与之开战。

化财富，因此只记载了他们所提供的物质财富（通常是贡品，象征着他们承认自己臣服于中华帝国）。野蛮人的统治不过是一个终将过去的（或长或短）时刻，中国的统一及中国性（包括其真实性）将会重新确立。在中国人眼中，尽管经常出现其他民族粗暴干预其内政的野蛮行径，然而，中国即使谈不上屹立不倒，至少是周期性地东山再起。真正的转变发生在二十世纪初。那时候，有些精英分子思考其他民族与国家的社会政治运转机制，其中有几个人跑去定居在这些国家。这一页从此就这样翻过去了，而对西方人来说却并非如此。西方人和古代中国人都认为**他者**没有文明（第二次世界大战以后，甚至在之后很长一段时间里，这一说法在西方流传甚广），因此有必要把文明传播给他们，以免他们陷入无知的黑暗中[①]。此外，欧洲人满怀传播基督教信仰的热情，人们出于某个理由或者某种真诚的野心保留了这种意愿。这种事就没有发生在中国，因为中国人从未有过传播宗教乃至道德的使命感（尽管周边民族被中华文明及其**美德**征服，采纳了中国宗教与道德的某些元素）。阅读中国人撰写的谈论世界其他地区的史书，我们发现，中国与世界其他民族之间相去甚远，就像存在一条无法轻易跨越的鸿沟。然而，孔子和老子认为，只要有一个智者置身其中，在礼仪方面（至少儒家强调礼仪）给他们指路，野蛮人拥有文明的那一天指日可待。在中国人眼中，礼仪是区分野蛮与文明的主要依据

---

① 最近，一场有关殖民的“积极”特性的辩论震撼了法国政界。我们知道，教化原住民的野心在第三和第四共和国风行一时，在法国第二帝国时期也如此。面对归顺的民族，中国人一般没有那么大的野心。

（一条裙子系在左边而不是系在右边，表明其主人来自蒙昧的野蛮国度[①]）。中国长期与野蛮人保持距离，不久前才考虑拉近与后者的关系。由于文明程度相差甚远，中国有时候给人高高在上的感觉，因此中国令人忧心忡忡[②]。

2. 论友善

中国人首先关注国内关系，但是也关注团体关系，其中主要是家庭关系。他们的主要逻辑是将自己人“我们”与外人“他们”区分开。总的来说，尽管道家学说和佛教也发挥了作用，但是中国人的伦理学主要源自儒家学说。中国人的道德规范出自宗教，更出自这种占据主导地位的哲学思想；中国人主

---

① “在中国，人们始终认为，西方人扣衣服扣子的时候将左襟搭到右襟上，是地位低下的标志之一”，引自高罗佩（Robert Van Gulik）：《古代中国人的性生活》，巴黎：伽利玛出版社，由路易·埃弗拉尔译自英文及拉丁文，“历史文库”文丛，1971 年，再版时收入“这样”文丛，1977 年，第 35 页注释 1。这个可能要归因于这样的事实：在古代，南方王国楚（湖南、湖北等）尊崇左边而贬低右边，被北方诸国视为蛮夷。

② 被问及心中的烦恼，她（盖尔芒特夫人）神情严肃地回答：“中国令我担忧。”（《追忆似水年华》之《女逃亡者》，普鲁斯特先生，巴黎：伽利玛出版社，“七星文库”，1954 年，第三卷，第 577 页）。“令人担心的中国”这一著名的词组出现在很多当代著作的标题中，其中就包括杜明（Jean-Luc Domenach）：《中国令我担心》（*La Chine m'inquiète*），巴黎：贝兰出版社，“时间”文丛，2009 年，共 281 页。我们下文还会谈论这个问题。

要将这种道德准则用于本国，没有将之推广到全世界的意图。正像我们看到的，这种道德规范以一种等级分明的人道主义为前提。既然他者已经被包裹在权利，尤其是义务织成的复杂网络中，理解这种道德规范，就是理解与他人相处的关键所在。家庭是道德规范的参照单位，因为家庭构成一切文化活动的中心，而我们知道，中国文化活动建立在祖先崇拜的基础之上。因此祖先崇拜确定了政治活动（权力谱系就是一种宗教谱系）乃至世俗道德规范[①]。尽管没有相关的文字记载，但是考古遗址让人联想到，从政治层面看，祖先崇拜的习俗至少可以追溯至周朝，甚至更早以前。帝王崇拜与祖先崇拜属于同一种逻辑，在某种程度上是对祖先崇拜的一种重复，因此祖先崇拜与帝王崇拜之间具有连续性[②]。如果个人崇拜与公众崇拜具有相同的形式与目的，那么自然而然从中衍生的私人道德规范与公共道德规范也是如此。古典哲学——主要是儒家哲学，但不仅限于儒家哲学——希望人要自我完善，以便完善他自己的家庭，从而

① 关于中国宗教的基础，见《古代与中世纪中国的宗教与社会》，劳格文（John Lagerwey）著，巴黎：牧鹿 / 利氏学社出版社，2009 年，第 7—393 页，又见葛兰言（Marcel Granet）：《中国人的宗教》，巴黎：巴黎大学出版社，1951 年再版，意象，“派优特小书库”，1980 年，共 176 页，该书没有论及佛教。

② 汪德迈（L. Vandermeersch）：《王道》（*Wangdao ou la voie royale. Recherches sur l’esprit des institutions de la chine archaïque*）第一卷《文化结构与家庭结构》，巴黎：法国远东学院，1977 年，第 11、18、58、71、118 等页。关于这种家庭活动的政治用途，见毕来德：《三次沉默的中国》之《根据斯宾诺莎论中国历史》，巴黎：阿利亚出版社，2010 年再版，第 104 页及其后。我们不确定作者遵循了斯宾诺莎的所有假设。

最终完善他的国家，如果可能的话，甚至完善整个世界[①]。法家认为，一个人如果犯罪或者造反，责任在于他的家族（因为他们是一体的），因而采用集体责任原则；这一重大原则也被当今中国政治制度所采用，至少是在该政权创立之初。如果有必要，我们举例证明：个体首先把自己视为家庭不可分割的一部分。追求善，首先是追求自己的善，但最终是为了达到共同的善。追求美德旨在让他人成为道德高尚的人：他人首先是家人，然后扩大到与自己有关系或者与自己共事（不管共事的内容是什么）的群体，最后是整个民族。中国人与家庭及社会团体关系密切，这种密切关系困扰着西方人，因为西方人，尤其是西方基督教徒不以家庭和团体为道德参照单位。在中国伦理背景中，只要能够产生或者增加身边人的善——不管是哪个方面的善，就是合乎道德的。人们或许知道，善可以暗中转化为财［在古典法语中也是如此，"善"（le bien）与"财"（les biens）相通］。中国人不也是混同了"幸福"之福与"财富"之富吗[②]？中国人也反复强调了"德"（道德）与"得"（得到）语义上的接近（在古代著作中两者经常通用）。孟子指出，美德与效率相关；美德不仅仅是道德契约，而且从结果上说，美德力求获利（儒家典籍反复强调美德的效能）。尽管在中国只有公共之善，但首

① 这是儒家经典《大学》的核心论点（雷米·马修翻译，载《儒家哲学家》，见上面所引书目，第334—553页）。

② 这两个汉字字形相似，"福"由表示宗教祭祀的部首"示"加上表示献给神灵的一坛酒"畐"构成。如今这两个汉字的声调也有所不同（分别是第二声与第四声）。

先得有家人与亲戚之善。我们发现，中国人有一种保证家族繁荣昌盛、保证卓越家庭关系的做法，那就是亲缘；这一做法即便谈不上民族特点，至少从古代流传至今。这种做法违背了信奉儒家学说的文人、道德学家所珍视的任人唯贤的原则，中国官方历史也乐于记载人们对这种做法的揭发。孔子认为家庭利益重于国家利益，因此一旦脱离了理想范围，为了家庭利益损害国家利益就很好理解了。法家的观点与之相反，但是中国至今都更乐于采纳儒家的道德准则。我们注意到，因为腐败而受到审判的通常是公务员，特别是政治家和法官，因为这说明腐败已经危及国家与政党的运转了。自然，这些腐败行为大部分与家庭无关，而与主宰着整个地方政权的官僚集团有关。自帝国创建以来，地方官僚就拥有决策权和影响力，更不必说拥有相对的自主权了。他们处于贪污腐败的偏流中。他们之所以招致众人的怨恨和羡慕，是因为他们组成或解散同样扎根于传统的“主顾”（clients）团体。人们也可以在联结师生（不管教授的是哪个领域的知识，是智力还是艺术方面的教导）的关系模型与腐败之间建立关系。中国社会的道德准则谴责这些做法，但之前却对此鼓励有加。

此外，这也令人联想到中国社会为了熟人摒弃等级关系的做法：中国人看重亲戚或者有良好甚至独一无二的共事关系的人，自然而然地，他们也青睐有“关系”的人。中国人对此习以为常，但是我们很清楚，这种做法为人们规避法制大开方便之门，遑论其他。中国人习惯于避开法律走后门，这已经是等级森严的社会关系中不成文的规则，我们很容易发现这种习惯导致的不良后果。不管人们是否因此而痛苦不已，这些关系网络贯穿在中国人的职业生活与商业生活中，离开了这些关系网络，中国人的职业生活和商业生活将是不可想象的[①]。

此外，中国人尊重家庭等级制度，也就很容易尊重社会政治等级制度。从传统上看，氏族祖先神格化与帝王祖先神格化异曲同工，前者逐渐过渡到后者。有例为证：中国人避已逝先祖之名讳，对已逝帝王亦是如此[②]。中国社会非常看重长子继承权与社会地位，而宽厚与善良作为儒家最优秀的品德同样深入人心。每个人既比这个人年长，也比那个人年幼；既是这个人的上司，也是那个人的下属。具有法国特色的平等原则没有得到重视。就像孔子的一个门徒所强调的："君子敬而无失，与人恭而有礼，四海之内，皆兄弟也[③]。"这种等级划分的原则将社会关系转化为权力关系，在这种权力关系内部，人们通过接受统治者的统治来换取政府给予的俸禄；在这种机制下，民主无用武之地，因为民主的前提是公民享有平等的权利。

---

① 郑鹿年与达尼埃·阿贝尔：《中国—西方》，第 170 页。

② 至少从公元前八世纪开始，中国人就禁止说出或写出死者的名字。公元前 706 年最古老的著名编年史之一《左传》记载了这种禁忌。在唐宋时期，禁用某些汉字的做法尤为盛行。见凤仪诚（Olivier Venture）：《秦时禁用的汉字与官方的词汇：里耶行政资料的贡献》，载《中国研究》，30 期，2011 年，第 77—78 页及其后。

③ 人们错误地认为这句话是孔子说的，实际上是子夏说的。见《论语》，第十二篇第五章第 264 页（白光华译，载《儒家哲学家》，第 140 页）。有人对此作了基督教的解读："所有人都是兄弟。"然而这并不是原来的意义。我们知道，**四海**环绕着方形大地，在儒家思想家那里，**君子**是智者的典范。

在中国，个人生活在团体中，无须面对上帝或者神圣法律；团体中个人的道德通过“面子”这一概念表现出来。有人不无道理地指出，西方是罪的世界，与超验的道德准则相关，而东方（在此主要指中国）是耻的世界。在中国，他者的眼光比神灵的眼光更具碾压力，因为个人得到的奖赏与惩罚、帮助与批判首先来自团体，尤其是家庭。根据个人在社会上所实现的善，而不是根据个人自以为实现的善，羞耻赋予个人一个位置（角色、立场），或者将这个位置收回。“面子”（有时候说成“脸”）的词源义是“转向某人”，很大程度上应该是个中性词，或者至少是令人愉快的词；喜怒形于色是对他人尤其是对亲人的不敬。从古代最早的文献（比如孔子的《论语》①）开始，脸面就被视为男男女女情绪甚至德行的最直接表现，可以由此洞见人的心灵。和颜悦色是这种仪式化的尊重的最基本表现。舍此，便是犯了道德错误，可能会因此颜面扫地，甚至丢掉性命②。

---

① 《论语》中好几个段落提到一个人在与他人相处时应该采取合适的神态，与人说话时应该关注自己及对方的脸色（比如第十六篇第六章、第十章……）。根据礼仪以及同名经典《孝经》，孝的特征就是通过举止与脸色表现出温和恭敬的样子。

② 这个问题非常复杂。有关外部道德压力与内部压力（羞耻 / 罪过）的区别，德国社会学家诺贝特 · 埃利亚斯（Norbert Elias）参考了弗洛伊德的观点（转引自杰克 · 古迪：《偷窥历史》，第 83—84 页）。还可见张宁 [引用了美国文化人类学家露丝 · 本尼迪克特（Ruth Benedict）的观点]：《中国文化背景下“宽恕”的概念：从阅读雅克 · 德里达说起》，载王论跃主编：《今日中国的选择：在传统与西方之间》（*Le choix dela Chine d'aujourdhui: entre la tradition et lOccident*），巴黎：印度东方学出版社，2010 年，第 51 页。

在中国，承认错误——而且是当众承认——是件丢脸的事情，比在西方更甚[①]。孔子认为，君子每天都要反省自己的思想与行为，证明传统与现代中国伦理不仅仅适用于团体；这种自我反省突出了孔子宣传、孟子阐述的良心（conscience morale）的重要性[②]。在基督徒看来，这种**自我反省**可以与基督教对他们的要求相提并论，在主体责任化方面为东西方道德架起一座桥梁。但是我们注意到，东西方善与恶、权利及与他人的关系所覆盖的领域几乎没有重叠，且东西方个体之间不平等，没有享有相同的不可更改的道德标准，因此很难建立共同的道德准则。

在道德领域中，有一种态度至关重要：谦卑（humilité）。这个训诫和其他很多道德训诫一样源自孔子的教导，尤其源自产生于十一世纪，随后得到传播的遵循严格礼教的新儒学。虽然君子的首要目标是（为父母、他人及国家等）服务，但是他这样做的时候谦逊有礼、不卑不亢。谦卑一开始不过是一种恭敬他人的态度，随后在新儒学道德及通用道德中成为一种美德。人们在保持谦卑的同时，拒绝与人发生正面冲突，比如针锋相对的讨论或你争我抢的比赛；在孔子看来，人们不应该**争**

① 蓝基（Rainier Lanselle）：《中国主体对精神分析的需求》，载王论跃：《今日中国的选择：在传统与西方之间》，第 19 页。

② 见《论语》，第一篇第四章第 5 页（白光华译，载《儒家哲学家》，第 36 页）；这个观点又被荀子采纳。我们注意到，自省专门阐述人际关系的质量。弗朗索瓦·于连认为自省是“孟子最主要的理论革新之一”（《道德奠基：孟子与一位启蒙哲人的对话》，巴黎：格拉赛出版社，1995 年，第 50 页）。

论[①]，最好心平气和地交换意见。将这种富有教育意义的戒律与同时期欧洲教会规定的基督教徒道德规范相比，人们有理由强调，谦卑这一守则在中国非常重要，并且至今保留在中国人的习惯中[②]。在谦卑这种美德中，“服务”贯穿于人们的思想、举止中；在与他人交往的时候，谦卑被谦虚（modestie）取而代之。谦虚是中国文化的标志之一，而且是重要标志。《易经》六十四卦中第十五卦（即谦卦）论及谦虚。甚至在革命如火如荼的时候，真正的共产党员所必须具备的三大美德中就包括谦虚：自我牺牲、办事高效、为人谦虚。根据道家观点，懂得谦让不仅是一项美德，也是效率的保证；降低姿态方能免受屈辱——亨利·米修这一评论非常精准[③]！智者是谦逊的，就像水往低处流，屈服于障碍，从不与人正面冲撞，但总能到达目的地，就像老子所强调的那样[④]。智者所采取的姿态是自我退隐，甚至屈尊俯就。道家将谦卑这一美德提升为技巧、策略。或许是因为谦卑超越了各个学派的藩篱，因此中国人在评价一个人或者一个团体的时候，都不能不提到这一美德。在一个社会层次至今

---

① 《论语》，第十五篇第二十二章第 343 页（白光华译，载《儒家哲学家》，第 177 页）。我们在荀子那里也找到这样的说法，第三篇第二十五章（雷米·马修译，载《儒家哲学家》，第 726 页）。

② 见谢和耐：《中国人的智慧》，第 83 页。

③ 《野蛮人在亚洲》，第 192 页。

④ 《老子》第八章与七十八章（雷米·马修译：《道德经》，第 92、220 页）：水因其柔软而战胜一切。

都如此分明的社会，人们认为个人和团体都应该辞尊居卑。肯定是因为西方人已经忘记或者忽略了这项美德的重要性，因此他们长期以来被中国人视为狂妄自大的人，也就是道德上的野蛮人。

3. 论中国的社会关系（团体与个人）

在中国，由于历史、宗教与文化原因，个人与团体的关系尤其重要。尽管中国哲学家很早就明白个人在社会与历史中的角色，同时寻求以自我的完善带动国家的完善，然而中国文明却更注重社会团体及保证团体凝聚力与和谐的联结。

从一开始，中国就由农村小单位构成，宗族团结在其中扮演重要角色。就像古代历史学家所描绘的那样，周朝（公元前十一世纪到公元前三世纪）农村社区只包括少数几个家庭，这些家庭各自耕种一块私田，共同耕种一块公田[①]。在中国历史长河中（尤其是秦朝初年与宋朝），出于政治与技术原因，土地所有权发生了翻天覆地的变化，但是个人与耕种团队的关系一直

---

① 这种观点可能比较理想化，但是大部分古代作者认为这是高效的、合乎道德的，比如孟子。对于这种观点所反映的古代现实，现代历史学家没有一概否认，但还是有所保留。

以来都是社会凝聚力的主要黏合剂。与西方希腊城邦正相反，中国的参考单位是农村社区，个体在其中的地位远不相同[①]。一直到近期，不管是从组成成分还是思考世界（人类、动物、植物、宇宙、精神等世界）的方式看，中国文明都是农村文明；伟大的地理学家皮埃尔·古鲁（Pierre Gourou）认为，中华文明甚至从一开始就主要是“植物文明”。直到2011年，城镇人口终于略占多数[②]。城市曾经是权力之都，也是有文字记载的思想诞生的摇篮；就像我们看到的那样，第一批哲学家都是服务于君王及其僚臣的宫廷人员。政治也关注农民的管理，但是政治孕育于城中、城堡要塞之内。由于这些历史原因，中国社会关系不是独立城邦的公民之间的关系，而主要是与家庭的义务关系，在更大程度上是与农村（整个国家的重要组成部分）的义务关系，至少至今如此。

宗教修行将个体变成不可避免地处于必要的编年史与等级中的主体。所有宗教修行——即使是被舍弃的宗教修行——都融入某种精神结构中，在互相依赖的个体之间开启某种关系类型。祖先崇拜通过进贡与祈祷，表现出对列祖列宗——如果可能的话，甚至包括始祖——的尊重，将全体中国人与熟悉的最

---

① 见谢和耐：《中国人的智慧》，第18页及其后，第31页。在同一部著作中，也见“对中国城市的注解”，第21—30页。葛兰言对此持同样的观点，见《中国文明》中“农村人口”一章（再版，巴黎，阿尔班·米歇尔，1994年，雷米·马修作后记）。

② 确切地说是51.27%。《世界报》在2012年1月21日第6版中引用了中国国家统计局的数据。

遥远的过去联系起来。对祖宗的尊重在与活着的亲人，甚至广泛意义上的宗族成员的日常生活中再现。这种态度表现为一种行为，在这种行为中，服从或者至少是听从父母被视为重要的道德要求。服从无法概括子女的所有义务，因为我们应该将子女的义务理解为对于明智建议的要求；论及子女义务的第一部也是最杰出的著作提到，子女有义务纠正父母的错误："敢问子从父之令，可谓孝乎？"夫子（孔夫子）回答："父有争子，则身不陷于不义。……故当不义则争之。从父之令，又焉得为孝乎？[①]"一个人只要懂得展现他对孝敬父母这种参考性行为密码的了解，以多种形式展现他对父母的孝敬，就可以证明他在私人生活、公共生活一切场合中的价值。团体中每个成员都有自己的位置，这个位置代表了特定的等级，所有与家庭联系相关的词汇都严格遵循这种位置及其等级，提醒每个人，他有自己的立场，因此也有专属的姿态与词汇。因此这种词汇具有可怕的复杂性，就像亲属关系专有词汇表那样。家庭是一个小团体，个人与家庭的关系决定了个人与更大的团体即社会、职场的关系。个人与家庭的关系可以无限延伸，甚至决定一切人际关系，包括在国外的人际关系。从某种程度上说，标准的人际关系是互相尊重、和平共处，至少大体如此。我们可以预知，这种关系具有一定的道德内涵，显然可以产生某种集体心理（我们在十九世纪或许会说是某种精神风貌）——尊重老人与社会地位

---

① 见《孝经》（白光华，载《儒家哲学家》，第 603—647 页）。关于一个儿子有必要拥有谴责的能力，见第 641—642 页。

比较高的人，因此在文化层面上具有更广泛的意义。用布罗代尔的话来说，这是中国“文明语法”的组成要素。

在这个家庭基础之上形成了社会“我”的理想，这个社会“我”的基础是团结（我们也看到其中某些消极面）与非冲突。尽管从帝国创建伊始，中国就有法典、律法，但是刑法从来不被视为保障社会和平的重要工具，更不用说是教育人民的利器了。孔子和孟子认为，刑法不具备教育民众的功能，恰恰相反，法律只是掩饰了领导人的道德缺失。只有法家认为刑法可以通过严刑峻法的威吓作用保障政治和平，从而维护社会凝聚力。但是在整个帝国历史中，法家没有继承人。从伟大的哲理学说创始人开始，为了将人民与君主联合起来，人们总是更喜欢直接的心灵拥护，而不喜欢法律约束或者社会契约。由于对刑法不信任，在现实生活中，中国人总是渴望通过协商而不是通过对抗来解决冲突[①]。调解意在超越不可避免的敌对，努力避开面对面（取其原义与转义）的冲突；调解已经渗入中国人的传统之中。这并不意味着法律在中国没有立足之地，而是说，不到束手无策的地步，中国人绝对不会诉诸法律，而欧洲人和美洲人（主要是盎格鲁－撒克逊社会）则视法律为首要办法，托克维尔出色地证明了这一点。概而言之，西方社会是权利社会，而东方社会则是义务社会[②]。

集体心理中非冲突的一面有着深厚的文化根基，后者贯穿

① 这就是谢和耐所谓的“中国人对和解、妥协的偏好”，载《中国人的智慧》，第 13、40 页。

② 郑鹿年、达尼埃·阿贝尔：《中国—西方》，第 196 页。

在中国社会、政治历史中。这取决于中国最古老的典籍如《易经》所阐述的中国人的世界观。这些典籍勾勒的关系（人与事物及人与人之间的关系）结构认为矛盾不是偶然的、不吉利的，而是不可避免甚至必要的。这是中国思想的中心原则，以这种或那种形式存在于中国所有思想学派中，不管这些思想学派隶属于何种意识形态。道是这个世界及一切事物固有的，由阴的一面（或者阴的时间、阴的能量）和阳的一面构成，其中阴中有阳，阳中有阴（这种观念来自《易经》）。中国思想认为，矛盾双方彼此共存，并且互相印证；或许正是这种想法让最早研究中国原初逻辑的西方文人大为震惊。因为我们知道，排除矛盾的原则是亚里士多德逻辑乃至西方逻辑的基础。人们有必要考虑一个局势或者一段关系中相互矛盾的各个方面。这就是为什么哲学家更乐意批评不公正的判断（也就是说片面的、偏私的）而不是错误的判断[①]，因为错误是相对的，而片面是绝对的，比起犯错，没有考虑到事物的复杂性是更严重的事情。毛泽东在其著名文章《论矛盾》中对源自黑格尔哲学的马克思主义理论的这个组成部分做了恰如其分的阐述。他知道如何由此在传统思想和来自西方的适用于当时时代、适用于中国人的新理论之间找到关联。

中国人社会行为的第二个必要元素是倾侧（obliquité）。这个元素与第一个元素肯定有联系，因为认识到矛盾的必要性并

---

① 可见荀子的著作，第二篇第 22 页（雷米 · 马修译，载《儒家哲学家》，第 718 页）。弗朗索瓦 · 于连在《智者无意或哲学的他者》（巴黎：瑟依出版社，1998 年，第 115、162、223 页）中提到这一点。

不意味着总是可以解决矛盾而不产生冲突。至少，我们最好采取这样的态度：即便不回避，也不能当面冲撞——其危害上文已经提及。中国思想中的迂回策略众所周知[①]，在军事领域（尤其是孙子兵法）中同样如此。孙子追随道家思想，继承老子的思想，对武器持批判态度，反对直接对抗。真正的统帅善于绕开障碍或敌人，而不是冒着自我粉碎、消灭敌人的危险（这种情况下采取行动的目的不在于此），冒冒失失向前冲。迂回也是写作尤其是诗歌写作的特征；诗歌写作通过约定俗成的必须的暗示方式表达无法直接表达的情感和观点。这一点在《诗经》中就可以得到证实，也在公元前四世纪诗人屈原的作品中得到印证；《诗经》是周朝中国诗歌鼻祖，屈原则是第一个将自己的人格作为创作中心主体的诗人。从社会角度看，对倾侧的偏好稳定出现在个体关系中，自古以来就有明显的特征，在当代中国依然占据主导地位[②]。这种倾侧通过礼仪表现出来，也体现在具有同样编码的言语中：礼仪难道不是使人与人之间彼此尊重吗？早在公元前三世纪，荀子就不无道理地指出，没有礼仪，人与人之间就无法保持和谐的关系[③]：礼仪规定了人的行为尺度

---

① 见弗朗索瓦·于连：《迂回与进入：中国和希腊的意义策略》，巴黎：袖珍丛书，1997年，共378页。

② 见钱法仁（André Chieng）：《中国实践：以弗朗索瓦·于连为伴》（*La Pratique de la Chine, en compagnie de François Jullien*），巴黎：格拉赛·法斯盖尔出版社，“散文书库”文丛，2006年，第30页。

③ 荀子有关礼仪的理论是古代中国最成功的理论之一，荀子将礼仪理论变成教育和社会和谐装置的核心。见《荀子》第十九章（雷米·马修译，载《儒家哲学家》，第1069页及其后）。

及情感表达。中国人认为，礼仪在人与人之间创造社会和谐，以此保证天上、人间的和谐。尽管对当代中国人群进行观察的人可能对此有所怀疑，但是礼仪依然是一种社会标记（古老的礼仪规定，礼不能“向下”作用于庶人，但是可以向上作用于贵族），不管是在中国还是在别国。由此产生一种参考价值：衡量一个人有没有文化，就看他是否有能力通过语言或者行为避开当前局势中的障碍，而不是不采取巧妙的回避策略，直接与之对抗。至少直到近几年，中国所拥有的丰富、卓越的礼仪依然令不少外国人困惑不已。这些语言或行为装置的整体是中国与西方产生误解的源泉，毕竟西方人在人际关系上奉行的是所谓的“真理”——由冲撞构成的真实——崇拜。然而，按照荀子最喜欢的说法，唯有**人为的矫饰**（*l'artificiel*）带着文化的印记，自然天性（*le naturel*）只能反映深层次的人性之恶。人为的矫饰造就君子的价值，因为他的天性从根本上说是上天赋予的。这也是君子给予他人的馈赠，以便赋予他人以声望与地位；君子认为，或者他假装认为，声望与地位不是生而有之，而是通过后天养成的优点获得的。这就是为什么这么长时间里，海外游客众口一词，认为中国人“表里不一”。孔子只是认为人是可以完善的，而哲学家荀子则着重对人进行文化主义的阐释。这位能言善辩、锐意创新的作者认为，我们无法期待人性中有什么好东西，只有每个人有意识地做出努力，掩饰身上的恶，向他人展现斯文（**文**）的形象，才能获得救赎。这种人为充分发挥作用，铸就人的伟大，使之不屈服于本能及根深蒂固的自私。因此，我们应该将自己塑造成这样的人物，使之由于这种

“虚伪（伪）”，从此永远存在于各个社会场合中。无论是中国百姓还是中国精英都没有采纳荀子的哲学，但是我们可以说，荀子对孔子学说做了严格刻板的阐释，直到 20 世纪都深刻影响着中国风俗，在社会关系所要求的品德中占据重要地位。毋庸置疑，事情正在发生变化，因为西方径直走进中国千家万户。经济和人口的巨大转变扰乱了人们所形成的行为模式和思想。

结 语

中国在奔跑，而西方在踱步，甚至似乎已经停步不前。但是中国跑向何方？我们如果能够找出这个问题的答案，就能更好地领会、理解甚至可能爱上中国。我们认为，我们可以在情感和理智上先后或者同时采取以上态度，因为中国没什么可怕的[①]，我们顶多为中国感到担忧；对于中国人，我们也只需秉持如上态度。

仔细观察中国，我们可以发现我们原本以为相互矛盾的两种现象：中国一方面模仿西方，一方面激活“东方”道德标准。研究道家、儒家或佛教的文人或民间协会非常关注这一点。中国非常在意自己的文化；有时候民众自发形成一些思想体系并自我培训，政府也并没有反对，甚至鼓励他们到海外宣传。不久前，国家领导人开始担心中国文明在国外缺乏影响力。尽管中国的商品和投资征服了欧美国家，中国文明却始终不为人知，

① 有关当代中国，我们不认同艾田蒲在《中国之欧洲》第二部（见前面所引书目）中、米歇尔·卡蒂埃在《爱恨之间的中国》（*La Chine entre amour et haine*）（巴黎：德斯克莱·德·布劳威尔出版社，1998 年，共 452 页）中所阐述的观点。我们倾向于采用上文提到的普鲁斯特的说法。

也没有外国代表处。中国政府于是打算借助孔子学院[①]——2004年以来承担起这一任务——及所有能够在非汉语国家传播中国语言文化的机构来强化她宣传中国语言文化的政策。我们认为，是政治上的考虑促使中国做出这一选择；此外，即使加上财政因素也无法完全穷尽这些选择背后的深刻原因（很久以来，从事国际贸易的中国人要进入哪个国家的市场，就要学习哪个国家的语言）。我们要是忽略了其中的文化动机也是错的，这些文化动机促使中国跻身**文明强国**；当前，全球性标准化引起民族主义者甚至地区主义者的抗议，他们要求承认文化多样性，有时候到了不可理喻的地步，毫无疑问与愈演愈烈的全球性的隐形的脱离传统文化的运动背道而驰。

中国人可能面临的巨大诱惑是转向个体意识，西方的榜样似乎也在诱导他们，从而损害直到那时占据主导地位的团体意识。个体的突然出现是当前中国社会变迁的主要标志之一[②]，它的主要特征是否认公共利益，自我封闭，有时候在社会政治层

① 有关这一机构，可见前文。目前全世界大概有500所孔子学院，见杜明，前面所引书目，第202页。预计到2020年，全世界孔子学院将达到1000所，见埃里克·伊兹拉莱维奇，前面所引书目，第79页。目前法国有15所孔子学院，坐落在各个大学城，见纪野（Gilles Guiheux）：《中国的在场与中国研究的未来》（*Présence de la Chine et avenir des études chinoises*），见《中国研究》，2010年特刊《研究与传播中国》，第18页，亦见埃里克·伊兹拉莱维奇，书目与页码同上。

② 见贺美德（Mette Halskov Hansen）、鲁纳（Rune Svarverud）主编：《中国：现代中国社会中个人的崛起》（*China: The Rise of the Individual in Modern Chinese Society*），哥本哈根：北欧亚洲研究学院，2010年，共304页，该书从社会、政治、经济诸方面讨论了这个问题。

面造成一定的危害。有一件事情耐人寻味：精神分析学在一部分受教育的富裕中国人中得到运用[①]。中国人绝对没有“漠视”精神分析学：中国人翻译弗洛伊德与拉康的作品比法国人更快更多[②]；当然，两国社会背景确实略有不同。分析实践取得飞速进展，质疑了个体与家庭的神圣化关系以及主体与自己潜意识、婴儿期性欲的关系……至少可以说是引发了一场**文化**革命！如果只有梦的分析，或许不会给中国人的思想习惯带来冲击，因为道家的伟大著述者（如哲学家庄子，尤其是列子）就已经对梦做了严肃的分析。从公元前三世纪开始，中国人（主要是道家）就与他们一起在辩证关系中将梦的素材及梦与现实的关系理论化[③]。人们已经指出，在这个广阔而复杂的领域中，东西方思想之间存在诸多可以互相兼容的概念：暗示、象征、非言

---

① 洛朗·科纳日（Laurent Cornaz）与蒂埃里·马尔歇兹（Thierry Marchaise）非常谨慎地考虑过这个问题：《无视精神分析、中国文人的智慧、精神分析学家的欲望：与弗朗索瓦·于连相遇》，巴黎：法国大学出版社，“讽刺性小册”丛书，2004年，共197页。我们不完全能够接受其中带着疑问甚至否定的结论。见蓝基（Rainier Lanselle）：《法国精神分析学家的中国》，载《中国研究》，2010年特刊，第313—324页。对于精神分析学在当前中国的状况，见菲利普·波雷（Philippe Poret）：《精神分析学在中国》，巴黎：第一运动出版社，“探索”文丛，2008年，共319页。

② 自2004年起，西格蒙德·弗洛伊德与雅克·拉康的很多著作都有了中文译本。《弗洛伊德全集》中文版正在翻译中。

③ 见《列子》第三篇（雷米·马修译，《列子》，前面所引书目，第159—166页）。庄子采用了梦这同一个主题，但是没有多少理论含量（见《庄子》第二篇结尾）。

(non-dit)、内在性（immanence)、过程性（processivité)[①]；自古以来（也就是从孔子和孟子以来)，我们只有在与他人的关系中才能成为自己。对精神分析的需求成为一个社会事实，我们不能不就此进行研究，并且将它视为中国人精神与身体阅读工具变迁的**症候**[②]。有关中国文明中语言的功能，我们有很多话要说；在传统思想重要体系中，个体也是一个言语存在，包括对语言持怀疑态度的学派也是如此，比如道家门徒认为言语尤其是欺骗自己与对话者的工具（对于这个学派而言，主体间性不是通过言语，而是通过直觉，有时候是通过身体体现出来)。然而，尽管言语会欺骗他人，但唯有言语能够获取主体的真相。此外，有些作者如荀子（第五章）将言语看作成为正人君子的方便之门。当今中国社会出现了一个崭新的现象：终于开始考虑个体的意识与痛苦；主体不再操持团体语言，而是说着自己的语言，对主体语言的这种论述即**顺应了**中国社会的广阔背景。面子社会以前只看重外在形象，现在开始关注文明面具的反面。

关注自我在当代中国社会逐渐流行。回归所谓的原初价值，通过重新关注“现代”心理学（包括精神分析学，就像我们前面提到的那样）回归自我主体。还有，在发展自我中心反射、

---

① 《无视精神分析、中国文人的智慧、精神分析学家的欲望：与弗朗索瓦·于连相遇》(前面所引书目，第24—26、46、73—75、193页等）阐述了这些不同点。

② 蓝基在好几篇文章中研究了这个问题，其中包括《中国主体对精神分析的需求》，载王论跃，前面所引书目，第17—37页。

促进氏族甚至家族凝聚力断裂的过程中自我封闭……社会学研究及新闻调查都提及这一切，有时候是直截了当、一语中的，有时候欲说还休。如果说回归到自省可以视为这方面儒学修炼的复活，那么回归到他本身明显就是对缺失凝聚力——即使不说是与世隔绝——的西方社会的蹩脚抄袭。根据媒体报道的社会新闻，我们可以看到有人对他人（即使是面对幼儿）漠不关心到什么程度。然而中国在这方面的参照是孟子的寓言。孟子的寓言为了宣扬人性本善，讲述一个孩子在井栏边玩耍差点掉进井里，有个人急急忙忙冲过去把他救下来①。利他主义是中国习俗中的原初美德，如今却败给自我利益，就像公元前三世纪自我中心主义思想家杨子所展现的那样②。

突然之间，道德得以重建，因此重获奠基。在道德领域，如果没有可靠的、从社会学角度进行建构的官方学说，那么每个人都会自由自在地根据环境和形势做出合适的伦理选择。很大一部分中国人时刻准备摆脱自己的义务，奔向新的权利。羞耻心长期以来浸润着中国人的行为，如今脱掉华丽的衣服。先锋派艺术家首先将身体裸露出来。他们的出格行为为大众描绘

① 见《孟子》第二篇《公孙丑章句上》第 A—6 章第 138 页（白光华，见前面所引书目，第 328 页）；这件逸闻可能从孔子《论语》第六篇《雍也》第二十六章第 130 页中汲取了灵感（译文，同上，第 85 页）。

② 以自我为中心的享乐主义者杨朱（杨子）很出名，因为他完全反对儒家主张的传统价值。他的作品大部分散佚，但是在道家思想家列子著述的第七篇中得到保存（雷米・马修译，《列子》，第 313—352 页）。即便可以拯救全世界，杨子也不愿意贡献出他的一根腿毛。

了日益清晰的道路。中国造型艺术从来不曾将裸体（尤其是女性的裸体）当作创作主题。与希腊艺术相反，中国艺术没有将身体视为外在美的表现，也没有视之为自然纯美的模范[①]；身体不过是宇宙和道的极小片段，它的内在和谐最多令人联想到宇宙及道的和谐。由此开启的道德革命重视裸露的身体，视之为至今隐藏的真相的一部分。性欲构成中国思想与实践一直以来遮盖、隐藏的（明清时期的色情小说是例外）的整体的一个组成部分[②]。然而随之而来的风俗与伦理的演变改变了一切格局，比如，精神分析的出现在这个禁忌的领域打开话匣子。羞耻心是教育尤其是女性教育的组成部分，而我们从广告和因特网在私人屏幕和公共屏幕上传播的图片来看，羞耻心逐渐消失，就像当代文学所反映的那样（当今小说家肆意的语气准确反映人的精神在这方面的演变）。“文化大革命”结束以后直到1980年代的一段时间里，中国人还富有羞耻心——即使不说是无性化，而今有性别的身体就这样闯入中国社会。这一切就发生在两代人之间。年轻人越来越不认可婚前禁欲，而“革命”的一代人不接纳这些与传统道德、共产主义道德相悖的西方习

① 谢和耐在《中国与基督教》（第256页注释4）中提道：“中国人对裸体画依然反感”。高罗佩（Robert van Gulik）在《古代中国人的性生活》（前面所引书目，第394页）中强调这个规则的唯一例外是非法传播的春宫画，尤其盛行于明清时代。

② 清朝让我们想起维多利亚女王时代的英国，人们在公共场所道貌岸然，暗地里却大肆传播色情图书与图片。

俗与精神[①]。

全球化是个很好的借口。尽管欧洲没有呈现出汉化大陆的景象，然而（被视为）以欧洲榜样为基础的思考方式与消费方式却入侵了中国。就当前而言，价值观似乎是单向地由欧洲向中国输送。一部分中国人适应着甚至主动追求这些价值观。无论哪种情况都涉及西方价值观的汉化。在其构建原则与西方价值观相差甚远的背景中，尤其是在西方价值观之外构建的背景中，这些西方价值观**有何价值**？直到今天，西方将自己的价值观强加给全世界（或者更确切地说是阿拉伯地区、非洲、亚洲等），有时候取得成功，有时候遭到抵制，那么问题来了：这些价值观是否具有普世性？这些价值选择意在遵循法国大革命的标准（这些标准在法国最近的历史进程中屡次得到再评价），尽力打造全世界的幸福（至少是全世界的正义）；我们不怀疑这些选择的良好愿望——即使不提其合理性[②]。我们只是质疑这些选择的预设，这些选择的第一条预设，就是想要将特定时空下

① 中国人首次性行为平均年龄（取男孩 / 女孩平均数）是二十二岁，法国人则是十七岁。就像在所有发展中国家一样，中国人青春期平均年龄下降，1990 年代出生的女孩青春期平均年龄是十三岁。见伊莎贝尔·阿塔尼，前面所引书目，第 258 页注释 52，转引自 2007 年《中国人的性行为……》（*Sexual behavior in China...*）。

② 弗朗索瓦·于连：《普世、划一、共享及文化之间的间谈》（*De l'universel, de l'uniforme, du commun et du dialogue entre les cultures*），巴黎：法亚尔出版社，“散文”文丛，2008 年，第 162—164 页。作者回顾了从 1789 年至今《世界人权宣言》的变化与改写。让我们补充一点，1795 年（共和国三年）宪法在公民权利宣言基础上添加了公民义务宣言。

产生的一种观念推广到全世界。借此机会，我们思考一个问题：为什么中国不想将自己的道德、政治观点——比如中国重要思想家的观点——推广到全世界？毫无疑问，如果中国有过这种大胆的计划，她或许会向全世界推广以社会和谐为基础的有关人的义务的世界宣言！在这个广阔而美好的事业中，文化参照问题实际上是不予考虑的。除了思考诸多情景中唯一合理的参照物这一哲学问题，我们也可以考虑是否应该去除文化背景；有些教导先验地排斥其文化背景，甚至可以说，只有这些教导摒弃它们必然要承载的背景（历史、社会学、道德、意识形态等背景）与约束时，它们才是“普世”的。然而正是其文化背景使得这些教导变得可接受，同时具有可行性——如果我们可以这样说的话。因而，我们不能输送同一、**划一**的一整套体系而不考虑当时当地的具体情况[①]。我们要谈论人权这个敏感问题，除非这是基于文化帝国主义及良心之上的虔诚愿望，否则就只能将这个问题纳入一定的背景之下考虑。中国拥有各种思想与宗教体系（在此仅举出三大体系：儒家、道家、佛教），也就拥有足够的智力与道德工具，可以创造出一整套政治宽容体系，而这种政治宽容已经存在于哲学与宗教领域中。另外，儒家人道主义形成一种非帝国主义的普世性，这种普世性的思想基础是孔子的评论：“所有人具有相同的本性，他们的不同点只体现

① 乔治·布拉克（Georges Braque）说：“寻求共同点而不是相似点。”转引自弗朗索瓦·于连：《普世、划一、共享及文化之间的间谈》，第41页。

在习俗中。"[①] 这是儒家人道主义的本质。儒家学说主张，所有人（包括野蛮人）本质都是善良的，而且可以不断完善，无论他们各自遵循什么习俗；要做到这点，只要条件（拥有智者或者法律）具足就可以。证据之一：当智者来到野蛮人的国度，野蛮人在智者的熏陶之下逐渐变得"有教养"。这种观点认为，只要人们追求同样的智慧观，就有可能成为兄弟，由此包含了普世思想。透过其深刻而古老的**人道主义意识**，中国文化暗含了不强制观点一致的普世意识。透过其历史感，中国文明试验了相对的信仰自由——这种自由允许最多样的表达共存。透过其基于矛盾共存之上的原初思想，中国的世界观、真理观允许存在对抗，尽管她缺乏形式论辩的传统[②]。这种观念以乐观的态度看待事实，将事实视为逐渐演变的过程，而不是在我们当前背景下很难想象的所谓"革命"动荡。正是在这个文化框架下，也只有在这个框架下，孕育着一种演化，假定个人和集体可以越来越自由地表达自己的观点。此外，道家哲学崇尚相对主义、怀疑主义、批判精神，主张双方协商一致，批判仅仅捍卫**权利**而忽略义务的态度，在精神状态与法律框架不可避免地发生变

---

① 见孔子《论语》，第十七篇第二章第 367 页，原文："性相近也，习相远也。"弗朗索瓦·于连（第 123 页）提到孔子的名言，并将它与西塞罗在《论法律》（*De legibus*）第一篇第二十九章中措辞几乎相同的名句做了比较。

② 自古以来，中国哲学家和大臣之间也有过形式论辩，但是不像在西方尤其是希腊传统中那样，作为自由公民在阿果拉广场上解决政治冲突的一种方式。让·列维在他的著作中提到，在古代、古典中国知识分子的生活中，存在这种理论、实践论争。

化的时候，适合回顾道家道德。这个权利阶段无法绕过，因为现代中国社会只能通过法律运转，而不再是仅通过对社会“和谐”的追求来运转，即使这种追求根深蒂固地存在于人们的脑海中或者社会习俗中。因此，在这个过程中，中国很可能会**去汉化**，至少是部分放弃所谓的传统参照。中国将会突然丧失大部分对我们而言真实或虚构的“他者性”。然而，人们的思想变迁比经济、政治变迁更加稳当、更加快捷。毫无疑问，这是中国为了融入世界而必须付出的代价，她也已经开始大胆、顺利地走向世界，因此将会长期与世界成为命运共同体。

我们可以从中国文明那里学习到什么经验？中国智慧无疑可以带给我们很多启示。自古以来，中国就有众多思想学派竞相发展，在漫长的中国历史中，这些思想学派或流传后世，或消亡殆尽；我们已经简要回顾了这些思想学派中的其中几个。我们主张文化多样性，那么我们是否能够汲取中国智慧的精华并付诸实践？在中国似乎要放弃自己的某些美德时，我们是否做好认识这些美德，甚至将它们纳为己有的准备？西方和中国的思想体系建立在截然不同的基础之上，但是涉及道德目标（追求善良与美好）或者哲学逻辑的合理性（共同生活、寻求真理、理解真实、运用逻辑进行推理、给知识下定义、描绘言语的特征、开启研究过程等等）时，这两大思想体系便汇合在一起。透过我们看来感性、耐人寻味的几个例子，我们可以说，中国哲学在广度与丰富性上完全与希腊—罗马哲学相媲美。我们发现，这两大思想体系在形式上具有绝对的他者性，在内容上具有相对的他者性；研究路径的多样性让我们有可能在中国哲学与希腊—罗马哲学之间建立沟通的桥梁。我们惊讶地发现，斯多葛学派、伊壁鸠鲁学派所追求的目标与中国古代很多思想家相似，人们有时将二者加以比较。因此我们不能过度强调两者的相异性，从而打断它们之间沟通的桥梁，也不能逐字逐句地比较它们的思想路径，因为它们无论在术语还是方法论上都不一样，充其量就是两者讨论的话题能够一一对应，这便足够了。中西方解决问题的方式不一样，同样地，中西方优先思考的哲学问题也不一样。真理问题便是如此；中国思想尽管也讨论真理问题，却并不认为这是重要问题①。这便是在哲学领域和人类学领域对中西方思想体系进行合理比较的中心问题。对于这个问题，研究者给出的答案有所不同，甚至出现分歧②。如果说这种比较是可能的，那么主要是通过个案比较来实现，而不是进行先验的比较，就好像存在尽人皆知的事实，随即沦为骗局（不管是积极意义上还是消极意义上的骗局）。我们可以说，总体而言，就他们思考的问题而言，希腊哲学家与中国哲学家比我们想象的更接近，就他们解答问题采纳的路径而言，又比我们想象的更遥远。举个例子，“君子”的优点在中国各个治国哲学中一直非常重要，不管走上“公民”智慧（如果我们可以这么说）之路的这类人有着什么样的称呼、属于哪个学派。而

① 前文已有论及。

② 关于中国哲学，参照弗朗索瓦·于连的著作；关于希腊人类学与历史，见马塞尔·德蒂安（Marcel Detienne）：《比较不可比较的：敢于实验与建设》（*Comparer l'incomparable. Oser expérimenter et construire*），巴黎：瑟依出版社，2009 年再版，共 188 页（尤其是第二部分：《建设可以比较的》，第 42—62 页）。

这些优点在很多方面与希腊人为了达到这一理想而在他们的思想空间所确定的优点不谋而合。中国人的美德总是被置于**宽泛意义上**（*lato sensu*）的政治背景之下，因为中国人正是在这样的政治背景之下追求善。在中国，个体是主体中的主体，永远是社会人，很少被视为与团体或世界隔绝。隐士形象以其方式证实了这条规则：即使不说他拒绝其他人所接受的社会成规的话，我们可以说，隐士是不屈从于社会规范的人，而不是创造新规范的人。道家隐士是独特的“君子”，不过他不扮演任何社会角色，他和老子、列子一样，是一个对外界规定的规则说**不**的哲学家。

为了更好地共同生活，一方面自我完善，一方面给别人提供示范性镜像，以便引领他们走上这条曲折的道路，可供我们选择、修为的美德有很多。在中国智慧所提供的众多伦理选择中，如何做出有意义的、彰显我们意图的选择呢？中国的社会习俗、智力逻辑以其富有洞察力的见解丰富了我们的思想，我们如何从中做出明智的选择呢？我们的选择范围非常宽泛，应该满足于选择其中几个比较显著的美德。在尝试做出这一敏感选择之前，我们不能忘记，与此文反驳过的延续很久的神话相反，中国人有过逻辑科学，就像我们在提到墨子与荀子门徒的哲学时所回顾的那样。我们这样做是为了证明，希腊人、罗马人不是唯一认识到论述的方法及言语的危险的人。尽管这两个文化圈的人们对言语与理性的认识有时候会不谋而合，但是他们对人类世界的看法截然不同。希腊人对事物大多持静止甚至固定的观念，而中国人由于原初的思维模式不同，他们的看法总是更富有活力。现在让我们着重阐述一下中国文明的若干重大特征。

我们首先阐述一种道德姿态，然后是一种习俗，我们认为这两者对中国人具有重要意义。首先要“守柔处下”（就像道家所说的那样），同时为世人表率。自我**隐退**不管是被理解为谦虚还是谦逊，都被不同作者、不同学派视为美好品德[①]。就像很多高尚品德一样，自我隐退是很难实现的理想，但显然是公共、私人行为的恒定标准。此外，谦虚能够有效防止一个人颜面扫地。自愿降低姿态是抵御他人羞辱的坚实壁垒。谦虚固然是基督徒的美德，却已经不符合当代西方人的口味，然而它依然是自我尊重与尊重他人的标记，东方向正在去基督化的西方重新宣扬谦虚的好处大有裨益。

中国人非常重视礼仪在人际关系中所起到的调解作用，西方人对此未必能够理解。礼仪最初运用于宗教祭祀，后来转为世俗化用途；中国早期思想家就已经认定礼仪的重要性，在著述中思考了礼仪的适用性与复杂性。毫无疑问，礼仪专有词汇源自祭祀习俗，很多词语包含了表示宗教祭祀的部首“示”（我们举出的第一个例子就是“禮”字本身）。儒家学派最清楚礼仪在社会关系——无论是个人关系还是公共关系——中的作用。

---

① 郑鹿年、达尼埃·阿贝尔在《中国—西方：二十一世纪的大误解》（前面所引书目，第 191 页）中提出，西方人借用了中国人谦逊的美德。至少西方人重视谦逊，在谦逊的文化逻辑框架下理解这一美德。谢和耐（《中国世界》第 2 卷，前面所引书目，第 343 页）也将这项美德视为中国道德中最值得选择的。这一美德最早见于《易经》第十五卦谦卦。

礼仪对于以文化为标志的人际关系的建设必不可少，对于身体与语言所表达的个人与集体情绪的呈现也是必不可少的，然而当代西方人却忽略了这一点。礼仪难道不是文化的精华？道家仅仅将礼仪看作有悖自然天性的人为事物；这是因为他们不了解礼仪能够疏通情感、缓和矛盾，必要的时候还能够打造凝聚力，社会团体的和睦共处离不开礼仪的调解作用。就像以前的作者和礼仪书所说的，礼仪维持人与人之间的舒适距离：爱也好，恨也罢，彼此之间既不过于亲密，也不过于疏远。此外，礼仪将个人在团体中感受到的情绪戏剧化：如果情绪过于强烈，礼仪使之缓和，以防这些情绪变得夸张做作；如果情绪没有充分表达出来，礼仪则合理、节制地将它们激发出来。伟大哲学家荀子将礼仪作为他那非正统儒学的支柱理论①。因此他说，礼是文明的核心，因为礼帮助一个人控制自己的欲望，让社会生活不仅成为可能，而且可以逐步改善。荀子在教授形体礼仪时，不仅教人们怎么控制情感，还教他们如何控制理智。荀子甚至认为，如果说人类能够超越自然赋予的缺陷，那么人为造就的礼仪则是这种能力的精华之所在，并且所有人都有可能通过礼仪的演习求善而得至善。在荀子之前，孔子就已经认识到礼仪学习的重要性，并有意将礼仪用于群众教化，而不仅限于知识分子小群体。他认为，对他人的尊重都应该通过礼仪表现出来，应该用礼仪习俗教化民众，只有当异常行为多到不得不求助法

---

① 礼在荀子的作品（公元前三世纪）中占据举足轻重的位置。他用很多章节谈论礼仪，尤其是第十九篇《礼论》（雷米·马修译，前面所引书目，第1074—1099页）开篇讲述礼的起源，认为古代国王为了控制人的欲望创建了礼。

律的时候，法律才能介入。儒家对事物的看法过于美好，显然不切合实际，但是也反映了儒家学派对礼仪教育寄予厚望，而这种重要的教育也从未离开过中国文明。礼仪是教育的象征因此也是教育的代表，这就是为什么儒家如此美化礼仪，而道家门徒却又如此贬低礼仪，视之为反自然的文化、反本能的学习。在今日中国，尤其是在西方，礼仪即使在宗教生活（宗教活动越来越少，至少在欧洲便是如此）中有所保留，也已经逐渐从社会生活中消失。在当今社会，社会联系变得松散，人际关系没有得到各种仪式的调解，这就是为什么我们要特别强调，在当今社会有必要合理运用礼仪。

现在让我们来思考道家学派一以贯之的重要教导——相对主义。相对主义被正确地视为整个中国思想的基本要素[①]。正是道家赋予相对主义以重要性，并将相对主义扩展到对智性世界、感性世界的认知中。令人感兴趣的当然是与逻辑相关的知识分子；在道家这个自命为异端的学说逐渐形成的时候，知识分子刚好也诞生在古代中国；道家学派在理性认知上最终走向宽泛的相对主义，与此同时，他们对作为沟通与认知方法的直觉大加颂扬，从而使直觉与理性认知相互制衡。没有任何学派质疑

① 见谢和耐：《中国与基督教》，前面所引书目，第 326—327 页。伊莎贝尔・罗宾奈（Isabelle Robinet）给让－克洛德・巴斯德（Jean-Claude Pastor）的《庄子・内篇》[巴黎：雄鹿出版社，“遗产”文丛（《道家》），1990 年，第 11 页]写了导论，认为相对主义是《庄子》最基本的思想。我们可以将这一看法扩展到整个学派，尤其是老子和列子。亦可见安娜・吉聊内（Anna Ghiglione）：《中国古代思想与抽象》，巴黎：友丰出版社，1999 年，第 136 页。

人类在言语和事实中提取真实的能力（或者，提取自己的真实作为个人的“真实”，这种情况比较少见），诡辩学派除外，毕竟这个学派擅长的是引人怀疑一个观点，而不是构思一个观点。这种在**白板**（*tabula rasa*）基础上自我教育的愿望在未来阶段对于富有探索精神的人们而言是最刺激、最有成效的。道家学说颠覆了确定的知识，颠覆了各个主流学派、传统约定俗成的态度，确实引人注目。拿时下最热门的**德里达**的话来说，这无疑是最具“解构性的”中国哲学理论了。阅读与研究打造这基本完整的学派的导师的作品是一种训练，也是一种可以**随意**更新的乐趣，对于我们批判性解读其他所有作者必不可少[①]。

如果我们可以从道家思想——或者放宽了说从整个中国传统文化——中提取另一个启示，那肯定就是实用主义。我们可以说，实用主义自然而然地衍生自前面所说的相对主义，但相对主义不是实用主义的唯一来源。实用主义首先归结于中国文化及其主要哲学（佛教的确不包含在内，佛教作为宗教不可避免地具有教条主义的成分）的非教条主义特征。

标准化的缺失可算是中国思想的禀赋；中国思想的特征就是能够带着最少的成见、理想的预建构、思想的**规划**来制订计划。我们发现，中国大部分思想家及普通民众都非常青睐效率这一概念；比起思想如何完成智性建构，是否符合既定标准，行为的结果更加重要——如果这一行为非常高效的话。关注这

---

① 蒙田或许是最接近这些文人的法国作者了，但是他不像庄子和列子走得那么远，因为《散文集》的作者过于尊重古代智慧及圣经智慧，不可能赤裸裸跳进汹涌的**道**之水。

一点的还包括那些更看重最终结果而又不避谈达到此结果的方式——从道德层面来讲——的人。中国几乎没有犬儒主义思想；与古希腊人、欧洲现代作者相反，法家即使有时候在某些方面看起来像犬儒主义者，也并非有意为之。他们之所以有时候看起来像犬儒主义者，那也是出于政治需要；在他们行动的某些时刻，犬儒主义是无法绕过的手段。不管是被否定或者被嘲弄，道德从来都不遥远，对那些与这个参照领域保持最大距离的作者亦如此。相对于精神预建构，中国人更看重行动、技巧及行为结果，同时从相关的悠久传统中汲取灵感。从这方面来说，行动与时机相契合是实用主义的另一个特征。实用主义与上文讨论过的中国人的新颖时间观息息相关。远东人的时间，或者更确切地说，中国人的时间通过其循环带来去而复返的时机。中国人待时而动好处多多，西方人通常视而不见，因为他们对这种并非先验“建构”的**投机取巧**的方式不感兴趣。随着欧洲共产主义的终结，西方人现在确实已经走出意识形态斗争的年代；然而，为了解读领导人的意图，也为了预测自己的未来，西方社会依然需要意识形态。中国人对行动的“解读”最合理，因为他们的解读与现实情况——没有预建构的呈现——连接最紧密。这种解读具有可适应性，并且在多个世纪里在中国民众那里得到证实。这种解读也反映在海外中国人融入国外社会这一备受质疑的现象中；保留自己的文化独特性，同时尊重收容国的法律规范是海外中国人融入当地社会的最大特点。在中国人的头脑中没有“身份部门”（ministère de l’identité）这回事；在以种族为中心的中国文化中，“身份部门”是多么肤浅的事情！中国人对新颖然而被接受的时空采取机会主义的观点，在这种框架之下，适应社会不存在任何问题。中国人的身份意识加强了他们的环境适应性，让他们绝对不会产生社会适应的焦虑感；中国人对历史、地理时机的结合具有敏锐的感受，他们遵循适应性，视之为对这种敏锐感受发起的挑战。

为了听明白中国说的，尤其是没有明白说出来的，应该理解中国。这就要求我们不仅要有心，而且要有能力。而理解中国的愿望越来越明显地体现在法国、欧洲中青年的需求中。**对中国的需求**表现为对中国语言文化课程与讲座的需求，法国初高中学生家长尤其热衷于此。人们终于明白，当今的时代是亚洲的时代，而且主要是汉文化圈的时代。商业利益并不是全部理由，在这一追求中，中国文化的吸引力亦是重要原因……自然，这种追求无法摆脱梦幻的异国情调：中国的文学、电影、绘画及医学、药典……还有美食之所以引人注目或者“格外灵验”，不是因为它们是异国的，而是因为它们满足了在文化上彼此不同但从此不再彼此陌生的两个国家的相同需求和渴望。当代中国电影及中国现代文学（就像中国古典诗歌和当代诗歌）大获成功，给我们带来不少启示：证明中国文化在欧洲备受关注，尽管她的广泛传播依然遭遇翻译这一绊脚石。从前，人为制造的疏离带有**叫人不安的相异性**，可能会造就汉文化圈的吸引力；如今，增进对彼此的了解是避免这种危险的异国情调的方法之一。人们可以完全摆脱这种危险吗？或许不能。重要的是，我们要坚信，所有文明能够以各种名义展开“对话”；我们经常这么说，有时候说得太多。最近几十年里，尤其是近年来，中国努力学习西方语言、文化与技术。我们还没有做出同样的努力，但是在今日法国，人们越来越渴望与中国相遇、相知。接下来就要讨论能够达成这一目标的方法。

我们很快会同意，为了对现代、古代中国有共同的深入的——也就是客观的——认识，我们仍然需要想出很多办法。到目前为止，只有少数汉学家、**中国观察家**具备中国方面的知识，他们（记者也发挥至关重要的作用）在某种程度上决定了法国公众对中国及其政治、经济、文化的认识。在此，我们无意批评这个日益膨胀的群体[①]。但是，只有当大部分法国人参与其中，只有当他们绕过专家，形成自己的观点，甚至酝酿自己的错误的时候，我们才能真正理解中国文明！这就要求国家出台相关政策，大力发展汉语教学。近年来，稀缺的汉语教席已经无法满足越来越旺盛的需求，而国家层面却没有做出相应的努力。这种情况也出现在中国文明（比如中国艺术与中国技艺）的教学上。通过这种方式，我们得以梳理东西方之间彼此欠下的债务，强调我们无论过去还是现在都是相互依赖的。法国的汉语教学过于依赖私营机构，而它们办学不完全出于慈善与人道主义。中国在推进法国汉语教学中也发挥了不可忽略的作用，但是中国的政治与经济利益显然与我们不同。国家应该负起这方面的全部责任，促进大众的**中国辨识力**（*sinognosie*），为未来不可缺少的中法两国之间的彼此倾听创造条件。只有在这样

① 笔者本没有资格这么说，特别是这本书的撰写离不开很多汉学家的著作（李约瑟、谢和耐、弗郎索瓦·于连等），以上作者的研究成果（包括它们所受批评）具有权威性及参考价值。

的条件下，我们才会观察到大众精神状态的演变（至少是在法国），我们才能摆脱以往恐华派对中国的恐惧、亲华派对中国的幻想，才能对此做出更有说服力的判断。

中国从未与其他国家产生过文明的冲突。中国曾经屡次被侵犯，却没有征服其他国家的野心。我们认为，在文化上、历史上，中国没有与世界其他国家对抗的逻辑，因为正像前文所述，与西方正相反，中国并不主张普世主义观点。因此，即使我们不认同这个国家的某些预设或习俗，我们还是有可能与她互相倾听。**互相倾听**既不是意见一致，也不是要（以保存自己的骄矜尤其是保留自己的特性为代价）理解彼此的内在逻辑。面对急速前进的文化全球化，现在正是时不我待。

参考文献

伊莎贝尔·阿塔尼（Attané Isabelle）:《在几乎没有儿童的国度：走向人口危机的中国》(*Au pays des enfants rares. La Chine vers une crise démographique*)，巴黎：法雅尔德出版社，2011 年。

程艾兰（Cheng Anne）:《中国思想史》(*Histoire de la pensée chinoise*)，巴黎：瑟依出版社，1997 年首次出版，后多次再版。

程艾兰（Cheng Anne)、让-菲利普·德通纳克主编:《今日中国思想》(*La pensée en Chine aujourd'hui*)，巴黎：秀珍书丛（未出版的散文)，伽利玛出版社，2007 年。

钱法仁（ChiengAndré）:《中国实践：以弗朗索瓦·于连为伴》(*La Pratique de la Chine*, *en compagnie de François Jullien*)，巴黎：格拉赛·法斯盖尔出版社，“散文书库”文丛，2006 年。

杜明（Domenach Jean-Luc）:《中国令我担心》(*La Chine m'inquiète*)，巴黎：贝兰出版社，“时间”文丛，2009 年。

艾田蒲（Etiemble René）:《中国之欧洲》第一部《从罗曼帝国到莱布尼茨》，第二部，《从亲华到恐华》，巴黎：伽利玛出版社，“思想文库”丛书，1988 年、1989 年。

谢和耐（Gernet Jacques）：《中国社会史》（*Le Monde chinois*）[1972 年]，再版，巴黎，阿尔芒·科兰，“广场（口袋）”文丛，2005—2006 年，共三卷。

谢和耐：《中国人的智慧：社会与心理》（*L'Intelligence de la Chine. Le social et le mental*），巴黎：伽利玛出版社，“历史文库”丛书，1994 年。

杰克·古迪（Goody Jack ）：《偷窃历史：欧洲如何将自己的历史叙事强加给世界其他地区》（*Le Vol de l'histoire. Comment l'Europe a imposé le récit de son passé au reste du monde*），巴黎：伽利玛出版社，“新法兰西杂志散文”丛书，2010 年。

葛兰言（Granet Marcel）：《中国思想》（*Lapensée chinoise*）[1934]，再版，巴黎：阿尔班·米歇尔出版社，“人类演变”文丛，1990 年。

埃里克·伊兹拉莱维奇（Izraelewicz Eric）：《傲慢的中国》（*L'Arrogance chinoise*），巴黎：格拉赛出版社，2011 年。

弗朗索瓦·于连（Jullien François）：《影射的价值：中国传统中诗歌阐释的原创范畴（对跨文化他者性的思考的辅助）》[*La Valeur allusive. Des catégories originales de l'interpétation poétique dans la tradition chinoise (Contribution à une réflexion sur l'altérité interculturelle)*]，巴黎：法国远东学院出版社，1985 年。

弗朗索瓦·于连：《普世、划一、共享及文化之间的间谈》（*De l'universel, de l'uniforme, du commun et du dialogue entre les cultures*），巴黎：法亚尔出版社，“散文”文丛，2008 年。

白光华（Le Blanc Charles）、雷米 · 马修（Mathieu Rémi）：《道家哲学家》（*Philosophes taoïstes*），第二部，《淮南子》，巴黎：伽利玛出版社，“七星文库”，2003 年。

白光华、雷米 · 马修：《儒家哲学家》（*Philosophes confucianistes*），第二部，《淮南子》，巴黎：伽利玛出版社，“七星文库”，2009 年。

雷米 · 马修：《〈道德经〉——根据王弼、马王堆、郭店三个完整版本所做的新译》（*Le Daode jing*, *«Classique de la voie et de son efficience». Nouvelle traduction d'après les trois versions completes: Wang Bi*, *Mawangdui*, *Guodian*），巴黎：昂特勒拉克出版社，2008 年。

李约瑟（Needham Joseph）等人：《中国的科学与文明》，剑桥：剑桥大学出版社，1954—2008 年，共 27 卷。

李约瑟：《中国科学与西方》，巴黎：瑟依出版社，“科学视点”文丛，1973 年、1977 年。

郑鹿年（Zheng Lu-nian）、达尼埃 · 阿贝尔（Haber Daniel）：《中国—西方：二十一世纪的大误解》（*Chine-Occident. Le grand malentendu du XXIe siècle*），巴黎：拉饵马坦出版社，2010 年。